刘诗白 — 著

刘诗白选集

第八卷
科技文化、知识产品、自然财富、公共产品理论

四川人民出版社

图书在版编目（CIP）数据

科技文化、知识产品、自然财富、公共产品理论 /
刘诗白著. —成都：四川人民出版社，2018.12
（刘诗白选集；第八卷）
ISBN 978-7-220-10866-2

Ⅰ.①科… Ⅱ.①刘… Ⅲ.①中国经济—社会主义
市场经济—文集 Ⅳ.①F123.9-53

中国版本图书馆CIP数据核字（2018）第184883号

KEJI WENHUA ZHISHI CHANPIN ZIRAN CAIFU GONGGONG CHANPIN LILUN
科技文化、知识产品、自然财富、公共产品理论
刘诗白　著

责任编辑	张立园　杨雨霏
封面设计	陆红强
版式设计	戴雨虹
责任校对	袁晓红　王　璐
责任印制	王　俊
出版发行	四川人民出版社（成都槐树街 2 号）
网　　址	http://www.scpph.com
E-mail	scrmcbs@sina.com
新浪微博	@ 四川人民出版社
微信公众号	四川人民出版社
发行部业务电话	（028）86259624　86259453
防盗版举报电话	（028）86259624
照　　排	四川胜翔数码印务设计有限公司
印　　刷	成都东江印务有限公司
成品尺寸	170mm×240mm
印　　张	17.5
字　　数	210 千
版　　次	2018 年 12 月第 1 版
印　　次	2018 年 12 月第 1 次印刷
书　　号	ISBN 978-7-220-10866-2
全套定价	3000.00 元（全 13 卷）

目 录

论文

刘诗白选集

主动迎接世界科技进步的挑战①

——对20世纪历史进程的回顾和反思

　　20世纪是制度创新的世纪，在这一世纪世界广大领域实现了社会制度的变革和体制创新，制度的大变革和体制的大创新是在激烈的经济、政治矛盾和国家之间、民族之间的冲突中，甚至是在战争的灾祸中艰难地实现的，人类为社会制度结构的进步付出了沉重的代价。20世纪是生产力大发展的世纪。尽管这一世纪历史发展中伴随着痛苦和灾难，有时是血雨腥风，但是人类社会生产力仍然获得了巨大发展，而且在20世纪末，随着知识经济的到来，表现出生产力加快发展的势态。这篇文章在于回顾20世纪世界历史进程，理出其主要的线索，展望其发展势态。对20世纪世界发展进程进行理论析评，能使我们冷静地认清形势，明确任务，振奋精神，更好地投身我们正在从事的建设有中国特色的社会主义的伟大事业。

---

① 写于1999年6月18日，原载《财经问题研究》2000年第7期。

一、生产力发展成为历史进程的亮点

20世纪是人类社会进步的世纪。社会进步十分鲜明地表现在制度变革、体制完善和生产力的发展上。这个世纪是社会制度大变革的世纪，世界众多的不发达国家，实现了由封建制社会到资本主义社会，以及由殖民地、受保护国向民族独立国家的转变；另外，从1917年的俄国社会主义革命获得胜利以来，有很多国家实现了由不发达的资本主义向社会主义的转变。

这个世纪是体制完善和创新的世纪。30年代以来，发达的资本主义国家逐步实现了由自由市场经济模式到政府调控的市场经济模式的过渡；在二战后，发展中国家加快了向市场经济体制的转换。60年代以来，日本和亚洲新兴国家建立起政府主导的市场体制，即"东亚模式"。特别具有重要意义的是1979年以来社会主义的中国实行了由计划体制向市场体制的转换。这种不同国家，在不同基本制度下的体制创新给经济注入了活力，加快了经济增长和社会进步。

20世纪是生产力大发展的世纪。由于世界的最广大的领域实行的是资本主义制度，这一制度有其固有的基本矛盾，从而生产力发展的制度约束是客观存在的。20世纪资本主义制度下的世界经济、政治矛盾导致两次世界大战，局部战争则几乎未曾停顿。战争对生产力是大破坏，两次世界大战，造成数千万人的死亡，使生产力大倒退。尽管有以上种种矛盾、冲突和制度障碍，但是生产力的发展毕竟是不可抑阻的，在人们的艰苦努力下，世界经济实现了大发展和大升级。发达国家的居民平均收入增加了十几倍，由世纪初年平均收入数百美元到世纪末年平均收入近1万美元。新兴国家和地区，如中国和亚洲的四小龙，居民平均收入增长幅度更大。如果与上一世纪相比，可以说20世

纪在发展生产力上，取得了十倍、百倍的成就。技术进步是20世纪的
生产力快速发展的动因。内燃机技术的进步和推广，是世纪初令人注
目的现象，狄塞尔引擎或柴油机于1879年研制成功，1903年用作商船
动力，1904年装于舰艇，1913年第一台柴油动力机车制成，1920年内
燃机普遍使用于汽车，迎来了20年代福特汽车时代。二战后，核能、
人造卫星等技术，把社会生产力提升到新的高度。特别是世纪之交迅
猛发展的计算机技术和网络革命、克隆技术等，带来了以万亿美元计
的新国民财富，这些新技术使19世纪的轮船、火车、电动机等发明黯
然失色。

　　生产力发展是不平衡的，有时随着重大发明出现和使用而别开生
面，飞跃发展，有时则停滞不前。就地域来说，欧美发达资本主义国
家19世纪以来是技术进步的先行者和生产力快速发展的核心区域。20
世纪30年代以前欧美经济发展遇到重重障碍，1929~1933年出现了前所
未有的大萧条，迄至二战前经济尚未摆脱衰退。二战后，发达国家经
济发展出现转折，尽管经历曲折，但经济出现稳定发展，特别是科技
进步加快。80年代以来，信息革命和知识经济"激活"了美国经济，
出现了1991~1999年8年持续增长。东亚发展中国家的快速工业化，是
20世纪的重大历史性事件，几个世纪以来在殖民统治下陷于贫穷、落
后的悲惨境地的几个亚洲国家，在二战后60年代以来迅速崛起，创造
了30年经济高增长的奇迹。社会主义国家在发展生产力中，经历了快
速发展—衰败—再发展的大曲折。首先走上社会主义道路的苏联，30
年代重工业获得快速发展，50年代和60年代，在发展核能、航天技术
等方面取得显著成就，但是60年代以来国民经济发展迟缓，越来越陷
于困境。特别是80年代末，苏东社会主义国家，由于未能找到改革的
正确道路，在激化的内部矛盾中陷于崩解。社会主义中国的经济50年

代至1978年，处于大起大落之中，政治斗争和"文革"使60年代以来国民经济不断恶化，但在实行改革开放后以来的20年，却以年均9％的幅度持续高增长。与苏东社会主义大挫败形势相对的是中国社会主义中兴，在1997年以来东亚国家因金融危机而陷于困难的形势下，中国经济仍保持年均8％的高增长，乃一枝独秀。拥有12亿人口的中国，正在进一步崛起，在2020年，中国将有可能在创造总产值上位居世界第一。中国正在成为世界生产力进步的重要策源地。

总之，20世纪是制度大变革，体制大创新的世纪，是大冲突、大动荡的世纪，是主要国家经济运行中不断起落，甚至大起落的世纪。人类在变革社会制度结构中遇到重重障碍，经历曲折，付出了昂贵的代价，但是毕竟实现了意义重大的制度创新。在发展生产力上取得重大成就，特别是世纪末叶生产力出现加速发展的势头。20世纪是世界经济增长加快的世纪，人类生产力的发展，成为20世纪历史进程的亮点。

二、科技进步加速的发展势态

20世纪是科技发生革命性变化的时代，出现了科学的大创新和突破性进展，以及新发明、新技术不断涌现和不断地、迅速地转化为生产力，上述情况使科学、技术成为生产力发展的决定因素。在农业经济时代，资源——特别是土地——以及人力是生产力发展的决定因素；在工业经济时代，科学技术的重要性增大，超过了资源和人力，成为劳动生产率提高的基本要素。人们可以从18世纪以蒸汽技术为基础的工业革命迎来机器大生产时代，20世纪20年代以内燃机的普遍使用迎来的福特汽车时代和美欧工业经济的进一步发展，看到科学技术的巨大作用。二战后科技在生产力发展中的作用越来越突出，出现了连续不断的科技知识创新和技术创新，如像新能源、航天技术、海洋技术、环保技术、新材料，等等。特别是80年代以来，在发达国家出现了以信息革命为主要标志的历史上从来还未有过的技术革新大潮。（1）以储存信息芯片和计算机为核心的信息网络技术，成为世纪末的技术革命的关键环节。信息技术不仅使机器具有人脑的功能——即智能机，能进行信息的收集、分类、传输，而且，还能进行加工、分析。智能机拥有不衰竭的和大量的记忆功能和调整运算、思维能力，在某些领域它大大超越了人脑。信息技术具有全面渗透性，它可以用于物质生产、营销、管理和教育、科研，以及家庭生活，即一切社会领域，完全可以说它是人类进行超越工业经济时代的高速率的生产、管理、研发和高质量的生活享受的工具。（2）生物工程技术是当前技术革命的新花，基因和遗传工程的研究和使用，为农业产品的高产开辟了无限广阔的远景，它可以解决今后25年内世界人口急增40%带来的迫切的需要。基因工程已经在"克隆"技术上取得了令人不可思议的进展，它也为医疗卫生、攻克癌症及其他难症，带来新的希望。（3）化学中组合分子的技术，是当代科技进步又一重大领域，它能创造崭新的物质，而形成21世纪的新材料。（4）科技创新也在航天、海洋，以及其他领域开展。科学技术的发展是互为因果，互相推动的。科学新理论的出现会进一步带来更新的理论成果；技术发明更是互相启动的。内燃机技术引发了机械、铁路、轮船和汽车生产有关的技术发明。信息技术具有普遍渗透性，信息革命引发生物工程、航天技术、分子合成、医卫技术的革命性的发展，促进了当前全面的科技创新的局面。（5）科技创新的不停顿的一浪又一浪的发展和创新同峰期的出现，是当前科技进步的新特征。特别值得人们注意的是：当代信息技术与高科技的发展，表现出迅速的和不断创新的势态。近几年来，计算机已经经历了若干次的换代升级，原初的庞然大物已经变成小巧的便携式，而其功能则是不断增多和增强，已出现每秒运算达数十亿次的超级机。先进的计算机芯片体积小于0.3微米，或更小，可以储存数十亿的信息量。此外，各个领域的高新科技不断出现，日新月异。

19世纪末的蒸汽机技术，是近代发生的第一次科技革命，但那时科技进步的步子还较为迟缓，由蒸汽机技术进展到内燃机技术，人们花去了一百年。而在20世纪末叶，人们看到各门科学理论上连续突破和多种技术齐头并进和不断创新势态，科学技术进步表现出不停顿的和加速推进的性质，成为当代经济增长的最有力的推进器，以上情况表明：20世纪是科技快速进步的世纪，科技地位得到进一步提升。在当前科学技术已成为生产力的决定性的要素，小平同志提出的"科学技术是第一生产力"的命题，正是对当前科技的重要地位与作用的极其深刻的理论概括。

三、由工业经济向知识经济的转换

20世纪的经济进步，突出地表现在社会经济组织形式的变革和升级上。在这一世纪，世界众多经济不发达国家，步子有快有慢地进行着由千百年来的传统的农业经济向工业经济的转换；特别重要的是发达资本主义国家，在世纪末出现了由工业经济形态向知识经济形态演变的新趋势，一次意义重大和影响深远的经济组织的升级正在出现。

我们在这里使用的经济组织形态这一概念，不同于经济制度，后者指的是以所有制为基础的生产关系的总和。"经济组织形态"一词指的是生产要素的组织方式，它包括：（1）劳动方式，即劳动力与工具的结合方式，如锄耕农业、手工业、机器大生产、现代自动化生产（流水线），计算机为基础的智能化生产，等等。（2）产品和活动交换形式，如自给自足的自然经济，以满足需要为目的的简单交换经济，以追求交换价值为目的的发达的交换经济，即市场经济。经济组织形态就是上述（1）劳动方式与（2）交换方式的统一。大体说来，人类历史上的经济组织形态有以下四个基本类型：（1）原始狩猎、采集经济，它是以简单的原始工具和直接分配相结合。（2）农业经济，它体现了畜力、锄耕农业劳动方式和简单交换相结合；（3）工业经济，是以机器大生产和发达的商品交换，即市场经济相结合。（4）知识经济就是以信息技术——计算机和网络——和高科技为基础，以智能化生产为特征，并与发达的市场商品交换，特别是知识的交换相结合的新的经济组织形式。

知识经济是以信息产业为主导产业的经济组织形态，信息技术是知识经济的首要的物质基础。计算机、软件和网络技术的出现，使知识数字化、编码化和高量储存、快速流动，并按照软件设计的程序，转化为生产与运作的指令，实现一种由信息机器体系自我调控的智能化的生产。其特征是：（1）人工智能机为基础的生产，是几乎不需要直接生产者和直接管理者的自动化生产，较之传统的机器体系和传统流水线的生产，它的劳动生产率会有十倍、百倍的提高。（2）人工智能机拥有巨大的工作效率，智能机使人的智力能量超常增大，使一个人能在最短时间里完成几十、上百人在若干年才能完成的运算和图纸绘制。（3）智能机拥有高速自我调控能力，能做出适应环境、条件的最迅速——达到1/10、1/100、1/1000秒计——变化的"一瞬间"的选择和调整，这种高速度的反应和调控，不仅仅用于提高一般的机器生产的效率，如像钢铁冶炼流程、化工生产的化学流程，将不再由人工操作而纯然由计算机自动控制，计算机的自控性质使人们得以控制那种条件瞬息万变的宇观过程——例如太空器、导弹的星际运行——和微观运行，例如生物分子结构变化以及反应堆的核子裂变。计算机的自控功能既提高人类的生产能力，又扩大了人类生产的领域，使人类生产活动得以向着微观、宇观领域进军。

总之，智能机产生了一种崭新的生产方式，即智能机→劳动对象的机器自控生产方式，这也就是知识经济的生产方式，它对于人操纵工具、作用于劳动对象，即人→工具→劳动对象的传统工业生产方式来说，是一场深刻的革命。

人工智能机的广泛应用引起了经济活动组织形式的重大变革。信息技术具有广泛的渗透性，它不仅使用于制造业，引起了传统工业生产转变为智能化的生产，而且它迅速地扩展到广泛的经济领域，引起企业组织形式、营销方式、分工协作方式以及消费与生活方式上的变革。

信息技术使适应市场多样化的需求的多品类、小批量生产不仅有经济可行性，而且能带来好的效益，因而传统福特汽车式的大批量生产转变为小批量生产，从而大工厂也出现小型化。

适应全能厂转变为只生产核心部件，大多数全能厂改组成为核心大企业加工零部件的小厂。这意味着企业间的分工与协作关系获得进一步的发展，分工和专业化效益在许多领域中鲜明地显示出来。

信息技术的使用，使企业内各种活动得以及时反映于管理中枢，厂内的生产活动有了高能见度，它由此引起企业内部管理方式的革命，总厂—分厂—车间的宝塔式的、包括复杂的科层结构直到车间的管理组织趋于简化，不少企业采用管理中枢直管车间的扁平式管理组织形式，它不仅节约管理费用，而且大大提高管理效率。

适应分工协作关系的发展，原先的全能厂——包括生产、设计、采购、营销——将不必由自己去从事的业务"分包"出去，从而使"承包"业务获得了大发展。

网络革命哺育出电子商务这一崭新的营销方式。电子商务以其商业信息的广延性和更方便的交易——打破传统商业的地域限制和使消费者与企业直接联系，互相沟通，它既能大大开拓市场，又节约交易费用，因而电子商务方兴未艾，成为一种有效的、崭新的营销方式，并由此日益取代传统的营销方式。

信息技术基础上的专业化效益，部件和业务的承包，使传统企业的一些业务活动——生产、设计、营销、维修——分解出来，转化为小业主式的家庭生产与经营，某些知识产品——从生产设计到包括法律、会计等以及广泛的生活、消费领域的咨询服务——由智力业主进行家庭生产和经营，成为知识经济的显著特征，促使当前发达国家服务产业迅速发展。可以说，信息技术带来了家庭生产方式的复兴和一个奈斯比所称的"小而强的时代"的来临。

信息技术带来产业结构的新变化：（1）工业结构中，信息、通信、计算机（硬件和软件）、网络等产业最快的发展，并成为主导产业；（2）为信息生产活动服务的服务业的大发展，如从事计算机、网络的调试、修理，以及电子打字录入、分类、整理、研究等服务业的兴起。此外，还有信息教育机构——各种培训机构——的发展。

信息网络和技术还引起人的生活、消费方式的变化，这不仅表现在智能机的引入家庭，智能化的房屋使个人摆脱了许多烦琐的家务劳动，它增大了用于个人发展的自由时间，使人们获得了新的生活享受和社会交往的便利，而且，计算技术和网络技术的使用既提高了人的智力，还改变了人的工作方式——包括学习方式。可见，信息技术带来一种现代人的新的生活方式。

以上表明，信息技术引起生产、交换和生活、消费方式的深刻的变化和一场人类经济活动组织的大改组，这种新的经济活动的组织形式，就是我们所说的知识经济，或者说知识经济是以信息技术和高科技为基础的新经济组织形式。知识经济不同于传统的工业经济，它是以信息技术和当代高科技为其物质基础，体现了技术上的质变，并且体现了微观组织、交往方式、生活方式的新变化，这种经济组织形式，是实现生产力的新跃升的制度条件。在时代跨进21世纪的门槛时，认清这一当代经济组织形态发展、变化的趋势及其意义是十分必要的。

四、智力成为第一生产要素

知识经济是20世纪末在经济活动组织进步上取得的新成果。知识经济带给我们的最深刻启示是：智力是推动当代技术和经济进步的第一生产要素。就简单的生产来说，生产要素是劳动力、劳动工具、劳动对象，而生产工具是关键的生产要素，因为，生产工具的性质、效能在劳动生产率的提高中起着决定作用。对简单生产来说，工具是第一生产要素。如果我们进一步分析历史上具体的劳动方式下生产要素的性质与作用，我们会看到，在古代和中古的农业劳动方式下，土地成为第一生产要素。因为土地既是劳动工具例如畜力的源泉，又是劳动的基础条件，是人培育种子与种畜的场地。土地也是劳动对象，如动植物种子的源泉，丰饶的土地，以其强地力成为农业生产发展的决定因素，寻求和占有具有强地力的土地成为农业经济中主体提高生产力的重要方法。在工业生产方式下，工具成为劳动生产率提高的物质基础，"工欲善其事，必先利其器"，成为手工业生产方式的格言。

而在大工业生产方式下，机器使劳动生产率十倍、百倍地提高，机器由此成为生产要素中的决定要素。在知识经济时代，无论是高度发达的现代机器体系——从核反应堆到人工智能机，还是拥有崭新性能的现代劳动对象——从新合成材料到生物基因，都是现代科技知识和发明的结晶和积累。

就人工智能机器来说，（1）它是高知识的物化，这种机器体系不再是需要人发动的一把斧、一台车床或机器体系。智能机是有高知识物化于其中，是储存知识和拥有模拟人的思维功能的新机器，就这一点来说，它不同于传统的机器。（2）人工智能机的自控能力——自行运算、自行选择、自行修正运行方式——来自软件中储存的智力，机器的智能，是由机器——包括软件——的制作、设计者所赋予，是人的知识的物化。计算机的智能，无论是多么强大，它都毕竟是来源于作为始发因素的人的智力，机器的思维是第二性的模拟思维，它是由初始的人的思维所赋予，再聪明的机器人，也是体现了始作俑者的人的聪明。可见，知识经济时代的物质技术基础——生产手段和劳动对象——是以现代科学和技术知识为其灵魂。在当前，我们说，科技是第一生产力，既指物质形态的技术是第一生产力，更是指精神形态的科学知识和创造发明是第一生产力。总之，知识经济以及人工智能机的普遍使用，意味着知识、智力在生产中的作用的大大加强和在生产要素中的地位的提升。

智力的重要作用与地位，也可以从当代技术进步与经济进步的机制中表现出来。技术进步与经济进步的机制，表现为以下三部曲：（1）智力群体的培育和积累，即创造性的研究能力的人才的培训。为此，人们必须构建能有效提升智力，特别是培育高智力群的母机——教育机器，一句话，要始于兴学。（2）创建和实现发达的科技知识产品的生产，实现科技知识产品的不断创新。为此，需要有各种各样的组织科研人员进行研发的机构和强大的物质设施。一句话，要大力兴研（发）。（3）推动科技发明转化为现实生产力，成为主体进行商品生产的物质手段。为此，必须形成最有效地实现知识产品到物质技术转化的经济机制。一句话，要实现知识向产业的转化，把科技知识转化为物质生产。

总之，科技进步机制在于学、研、产三者的有机结合，而其起点在于兴学和智力群的培育。智力是科学和物质技术之母，在知识经济中的科学技术进步更突出表现在作为母体的智力群的培育和科学技术知识的积累。

归结起来，20世纪生产力的大发展进程特别是知识经济的出现，已经使智力要素的地位进一步提升，成为现代化生产力发展的始发因素，智力成为经济学家所称的智力资本，培育智力、积累智力资本成为当前实现技术和经济进步的中心环节。

五、加快制度创新，促进科技进步

20世纪末叶对世界历史进程影响最为深远的是中国1979年以来20年经济高速增长和中国社会主义经济的崛起。中国正在改革开放中阔步迈向21世纪。中国面对着一个急剧变化着的世界：（1）1997年金融危机的余波未尽，世界经济发展中还存在许多不稳定因素；（2）和平与发展是主流，但是局部战争不断，特别是美国与北约对南斯拉夫的军事干预，体现了大国的霸权主义的图谋；（3）世界经济发展不平衡又有新的表现，日本正在进行艰难的调整，俄罗斯近年来在生产一度停止下滑后又进入衰退，而美国和西欧的经济却表现出稳定增长的势头。中国面对着世界政治、经济发展中的新情况，面对着新形势下种种复杂的挑战，在政治上要应对美国霸权主义政治的挑战，在经济上，近期要应对经济全球化大趋势下和进入WTO后大国的经济势力全面进入的挑战，长期要应对世界科技进步产业升级的挑战。作为经济不发达的国家，中国面对的最根本的挑战是经济的，是发展生产力中的世界竞赛。在发达的资本主义国家，尽管存在着制度的制约，但是在那里科学、技术不仅并未出现发展的停步不前，而且正在全面技术创新中加快了向知识经济转换的步伐，在科技水平上中国与世界的差距还有可能拉大。可见，中国面对着世界科技进步的新形势的严峻的挑战，也有着利用人类知识成果为我所用的机遇。

社会主义的根本任务是发展生产力，在进行历史的反思和当前形势的观察时，我们再一次体会到小平同志这一论题意义的重大。在科技成为第一生产力的时代，中国社会主义的进一步振兴，其关键在于加速科技进步，求得生产力的最迅速的发展和提升。科技进步既从属于生产力发展的规律，它需要有要素的培育，包括：（1）人才的培养，特别是高级的科技精英的培育，这涉及教育体系改革和发展这一艰巨的任务。（2）研究与发展体系的改革和发展，这既涉及国家的研发机构又涉及企业的研发机构的改革与发展。科技进步又是一个经济过程，它从属于客观经济规律，为了推进科技进步，需要形成激励科技知识产品的创新以及科技成果转化为现实生产力的经济机制，这涉及确认创造、发明人的产权主体地位；构建技术市场，推进科技产品的商品化，实行智力资本化，这涉及一系列制度建设，如像鼓励科技人员办企业，实行技术入股，发展风险资本市场，为科技型企业进行融资，等等。由于企业是进行科技创新和实现科技转化（生产力）的基本主体，搞活和搞好国有企业，使之成为科技创新和科技转化的积极主体，更是实现科技进步的制度建设的中心环节。上述的一系列制度的构建，其实质是以知识商品化、资本化为基础的高度发达的现代市场经济体制的构建，美国在80年代以来快速的科技进步和向知识经济形态迈进的强势头，正是在经济进一步市场化，特别是在知识的商品化和资本化的市场机制形成的基础上产生的。实践证明，尽管美国存在着对科技进步的基本制度的制约，但是通过市场体制的发展和创新，仍然能发掘与释放体制潜力，积极推进科技进步，形成新的技术进步势头。

我国近年来为贯彻执行"科教兴国"的方针，政府制定了一系列的措施，在各方面的努力下，科技进步正在由号召和政策转变为群众的实践。今年的全国教育工作会议和全国科技工作会议的召开，进一步表明了党中央贯彻"科教兴国"方针的决心。当前，我国的科技进步仍然受到诸多因素的制约，除了观念的制约、物质条件即财力人力的制约而外，还存在着体制的制约。世界发展进程表明，我国实现最快速的科技进步和最顺利地转化为现实生产力，除了要加强智力要素的培育，加强科研工作，促进科技知识产品的创新而外，最重要的就是要构建有利于科技进步的经济机制。中国20年改革开放的实践清楚地表明：传统的计划体制是桎梏技术进步的，而目前转型期不完全的市场体制，也不能有效地鼓励创造发明和推动科技向现实生产力的转换。可见，为了使科技是第一生产力由理论命题变成现实，必须着眼于体制和机制的完善，一句话，要加大改革力度，建立起充分发达的市场体制。

走向21世纪的世界经济形势，特别是当前复杂的世界政治形势，使加快技术进步和生产力的发展成为我国紧迫的任务。我们完全可以说，有中国特色的社会主义构建的成败，决定于我们能否解决好技术进步和向生产力转换这一首要的历史大课题。我们应该横下一条心，坚持发展是硬道理，千方百计、奋起直追，推动我国科技进步。而加快向发达、完善的市场体制的转轨，加快制度创新，形成实现快速科技进步的体制和机制——包括人才培养机制、科技研发机制和科技转化为现实生产力的机制——就是至关重要的。

科技创新求发展①

　　无论是提高产品质量，或是实行产业升级，或是培育优势产业，除了要依靠制度创新外，还需要狠抓科技创新。我们说西部经济竞争力弱，在于多数企业产品质量差、技术含量低、新产品开发慢，上不了档次和水平。而这又在于企业的技术创新滞后，西部有峨眉泉而人们却喝珠江水，有天府农业却吃泰国米，这种"西部现象"的根子是企业设备落后，先进技术引进少，即使引进了技术也未能做到充分消化、吸收，实行不断的技术创新、再创新。

　　产品多年老面孔，技术十年一贯制，似乎成为西部经济的常规，而我们却又面对着一个科技不断创新的时代，在技术不断进步，产品不断创新，价廉物美的新产品不断涌现的条件下，技术创新滞后的企业将面对被淘汰的命运，因此搞好西部大开发，就要充分重视科技创新，走一条以不断创新科技促发展的道路。大工业企业要下定决心，高瞻远瞩，实行大跨度、高要求的科技创新。要加大研发力量，目前多数企业R＆D支出不超过销售收入0.5％。加快新产品的研制和推出，

---

① 原载《开放导报》2000年第11期。

加强新技术引进，要舍得花钱促进技术进步，以优质产品开拓市场，而不要只是打降价战，也不能单纯地膨胀销售队伍。也就是说，人们要横下一条心，走不断的技术创新之路。不以产值论英雄，要在技术创新上比高低，这是持续提升企业竞争力与发展后劲之路。大中小各类企业都要走适合自身的科技创新之路，而搞好农业领域中的科技创新，更是加快农业经济发展和促进农民增收的唯一坦途。

在当前世界科技革命迅猛发展形势下，高科技产业已经成为增长最迅速和对经济、社会带来重大影响的产业。中国西部大开发，要针对世界高科技和知识经济发展的新形势，采取对应之策。这就要求西部除了要在面上推动普遍的科技创新外，在点上应选择经济实力强、科技人才集中的中心城市，切实加强以信息、网络和生物工程为核心的高科技产业的发展。

成都是西部经济重镇，成都地区拥有经济、科技人才优势。这个地区多媒体、软件创造、光纤电缆迅速发展，近年来出现了网络热。成都2000年6月底上网家庭达40万户，仅次于北京（47万户）、上海（52万户），成都拥有电话家庭百分比为17.2%，仅次于北京（21%），超过广州（15.6%），成都大小网站有1000多家，天府热线有客户50万。成都有着加快信息、网络业的条件，是西部大学和科技人才最密集的城市，金融业活跃，商业意识浓厚，"网虫"多，完全可以发展成为"西南硅谷"。关键在于要有发展新思路，要采用市场经济的新办法，充分汲取国外搞硅谷的经验，包括印度班加罗尔的经验。政府要加强领导，实行宽松的政策，充分依靠社会资本，大力发展民营企业，动员千万科技人员的创业积极性，促进风险资本的形成和进入，特别要走与国外合资办厂之路。这样，成都地区的信息化、网络化发展的路子就可以越走越宽，成都完全可以成为中国"新经济"富有希望的生长点。

西部经济要走上提高质量，求发展，科技创新添后劲的道路，需要充分利用国外、省外的资源，要大开省门，引进资金、技术、管理人才和信息，要走出一条在开放中加快发展的道路。

当今世界，经济全球化和信息化（网络化）已成为不可抑阻的大趋势。西部大开发要从时代的特征出发，适应全球化、信息化的要求。解放思想、勇于创新，探索一条开放式的西部大开发的道路。

政府已经出台了一系列有关大开发的政策。可以说，许多限制都已经放开。外来投资者有着参与西部大开发的广阔场所，无论是西部基础设施建设、生态建设、西电东送的电网建设，还是国有企业的结构调整与重组，以及攀西矿产资源、四川优势农产品的开发，特别是信息和其他高科技产业的发展，外来投资者都可以在这些领域找到无限富有吸引力的商机。

论科学进步与科学劳动的性质①

一、科学知识的快速进步是时代的特征

人作为万物之灵，在于具有智慧，即认识世界——客观世界和主观世界——的能力。人们认识活动的成果是知识。人在实践中认识，又在认识中实践，实践经验的积累和人们比较、分析、归纳等思维能力的增进，推动人的认识深化和知识进步。

人类认识世界、获得知识要经历一个由浅到深，由片面到全面，由伪知到真知，由一般知识到严整的科学知识的长过程，在人类认识史的很长过程中的每一步可以是以千年、百年计。人类认识的进步是不平衡的。初始人类认识能力十分薄弱，知识的增进十分缓慢，人懂得磨制燧石，由使用旧石器到使用新石器也经历了上百万年的时间。公元前3000年，世界一些地区——小亚细亚、埃及地区和恒河、黄河流域——有了科学知识的萌芽，如在古希腊有欧几里得的几何学，亚里士多德和柏拉图的逻辑、人文、历史学。但是到近代大工业经济产

---

① 原载《江汉论坛》2002年第8期。

生以前，知识特别是科学知识的进步是缓慢的。

工业经济形态标志着知识加快进步时期的到来。机器大工业和市场经济成为知识进步、科学兴起的动力。工业革命前夜的17世纪，在工场手工业的发展使技术进步成为现实需要的大背景下，以牛顿力学为代表的近代自然科学兴起。此后自然科学走向了在广度上，即多学科领域不断深化的发展，19世纪物理学、化学、生物学等领域取得了重大理论突破。20世纪是科学知识快速进步的世纪。20世纪以量子论、相对论两论开篇，自然科学基本理论特别是技术科学取得巨大发展。20世纪末，出现了以经济最发达的美国为策源地的更加快速的、被称为"知识爆炸"的科学技术知识进步的新高潮，自然科学多个学科领域，特别是技术科学领域出现了快速的知识创新。最典型的例证是计算机芯片能力18个月倍增——被称为格罗夫规律，以克隆技术和人体遗传基因编码为标志的生物技术的快速创新，成为科技知识进步的又一重要方面。除此以外，纳米技术、航天技术等领域，都出现了不断的知识创新。科技知识创新，不只是出现在发达国家，而且，在中国和其他发展中国家也通过经济、教育、科技体制创新启动了科技知识快速进步的进程。

可见，科学知识进步呈现一种加速度发展的势态，20世纪末以来的自然科学迈向了知识进步的高峰，当前知识进步势头仍然强劲，正在向更广、更深层次上推进，21世纪科学知识进步的前景更加美好。

二、科学劳动规模的扩大和科学成果的增多

科学是人的科学劳动的成果。当代的科技知识不断进步和创新，表明科学劳动规模的扩大。首先，科学劳动投入的增大。当代企业中

科学研究人员大大增加了，在一些大企业中科技人员已占50%，而在高技术企业中，科技人员的比重更高，呈现出高智力劳动力结构的特征。当代大学、政府以及专业的民间科研机构不断壮大，吸纳人才越来越多。其次，用于进行科学劳动的资金投入增大。企业研发费用在销售额中的比例提高，把研发费用提高到占销售额10%以上的大企业越来越多，通用、奔驰等大汽车公司的年研发费用往往达数十亿美元，而在高技术企业中研发费用在销售额中的比重更高。发达国家研发费用投入在总产值中的比重已达到3%。研发资金投入的增大，意味着进行科学劳动的固定资产和物质条件更加充实，也意味着科学劳动更大规模地开展和进入深层次的高、精、尖的领域。

科学劳动规模的扩大，直接带来科学成果的增多。当代经济发达国家，也是科学成果丰硕的国家，一些大企业研发机构和重要科研院所每日取得的专利权已经达数十项，重要的科学发现、技术发明也频频产生。如果说，大工业出现以前的经济是物质生产的经济，大规模物质生产伴随有科学劳动和科学成果的创造，那么，当代高技术经济中就出现了物质生产与科学劳动相并行、物质成果与科学成果扩大的现象。上述情况表明，当前的现代大生产，既是物质产品大生产，也是精神产品，首先是科学产品大生产。在高科技经济中，科学成果的创造更加重要，已成为扩大再生产的前提条件。

三、科学对生产的渗透和科学活动转化为科学生产劳动

科学活动是人的精神领域的活动，它的产物是科学知识，后者是一种与物质财富相对应的精神存在或精神财富。知识拥有重要的实用功能，特别是应用于生产的功能。即使是远古人类，也是自觉、不自

觉将所获得的知识应用于生产，而机器大工业生产方式的出现，开创
了自觉将科学知识应用于生产的时代。人们按照自然科学揭示的自然
物质的性质和力来创造机器；适应机器作业的性质，按照自然规律的
要求，来确立工艺方法、流程；按照机器的性质和机器作业的要求，
采取特定的劳动方法；按照科学揭示的自然物质的性质来创造工业原
材料和培育农作物品种，等等。人在生产中对科学知识的应用，马克
思称之为科学"合并""并入生产""并入劳动过程"。

其过程是：第一步，科学劳动创造科学产品（知识产品）；第
二步，科学产品在物质生产劳动作用下转化为物质生产手段和工艺方
法；第三步，物质生产劳动，借助合并有科学知识的生产手段和生产
方法，生产出具有科学含量的产品。

上述过程还可以表现为下列图式：

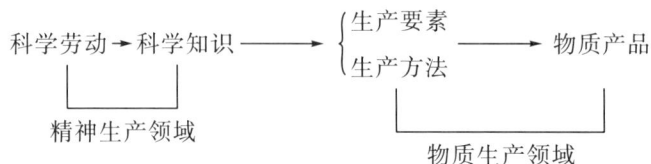

科学劳动→科学知识 ⟶ { 生产要素 / 生产方法 } ⟶ 物质产品

精神生产领域　　　　　物质生产领域

从上图可以看出，科学劳动创造出科学知识，介入生产的科学知
识，成为生产力的新要素，是一种独立的科学力，它使直接生产劳动
（活劳动）的生产力大大提高。

科学被"合并"于生产和转化为生产力要素也就是科学活动介
入物质生产和作用于生产，成为总体的生产和全过程的生产（活动）
的一部分，介入与合并于生产的科学活动由此也就拥有生产劳动的性
质，成为一种具有强大生产力的科学劳动。

四、科学劳动是社会结合劳动的组成要素

科学活动转化为生产劳动是通过参与企业结合劳动来实现的。以机器大工业为基础的生产，是实行分工和劳动协作的大生产；与之相适应，生产劳动由个人劳动发展成为"结合的"劳动。就一个企业来说，参与使用价值的形成和价值的创造的是企业的"结合劳动"和"总体工人"，此外，还要包括参与劳动协作的企业外的"结合劳动"。因而，基于大生产的角度，生产劳动是参与产品生产的"社会结合的劳动"，而介入和参与物质生产的科学劳动，理所当然地是"社会结合劳动"的组成要素。

现代大生产把科学劳动直接纳入企业结合劳动之中。大企业把研发作为企业生产活动的重要环节，为此，它要雇用科技工作者。大企业不仅生产产品，而且要创造研发成果，进行一部分专利权和其他知识产权的转让也是提高企业效益的手段。随着高科技经济的到来，企业内科技人员的数量还在扩大，比重还在提高。科技劳动不仅是企业内的"结合劳动"的组成部分，而且是重要组成部分。为适应科学活动的企业化和科技成果的商品化、市场化的发展，企业大量的科技研发活动是由企业以外的科研机构——大学、独立的科研院所来组织，如采用承担研究课题、购买科技产品成果、科技咨询服务等方式。在当代，公司化的科研机构大量涌现，它们是组织科学、技术研发，生产科学产品的市场主体。当代有关信息技术、水稻以及人体遗传基因组排序的技术研究以及某些理论研发，就是通过公司化的科研机构来组织的，获得的可应用的科学产品是通过市场交换转移到投资者手中和用之于生产。

上述组织科学活动上的差别，只是形式上的，它不改变被使用于

生产的科学活动都是"总体的""社会结合"劳动的本质。只要是研发成果被应用于具体生产过程之中，就意味着研发的科学劳动介入，参加了现实的生产过程，成为社会结合劳动的要素。因而，人们不能以科研工作者是否在企业内工作，甚至是否是正式被聘用、上岗、上班等来确认科学活动的生产劳动的性质，而只能以科学成果的有用性和被使用于生产作为标准，来评判其是否具有生产劳动的性质。

五、科学合并于生产有不同方式

科学活动包括广泛的领域，人们通常将它分为：自然科学、技术科学与社会科学。按照它应用于生产的状况和方式，人们又将它区分为基础理论科学和应用科学，或是生产、技术科学与社会科学。社会科学中又可以区分为经济科学与人文科学；经济科学中又可以区分为管理科学和基本经济理论（包括学说史），等等。显然，具体的科学活动具有多种多样的类别，其经济、社会功能也不同。就生产功能来说，有的科学活动的生产功能较为直接，有的科学活动的生产功能较为间接，有的科学活动具有提升物质技术力的功能，有的科学活动具有提升管理力或提升体制活力的功能，等等。可见，科学的不同门类，被合并于生产的方式和发挥促进经济增长的作用方式又是不相同的。

其一，科学成果直接作为生产力的要素。在当代，一项应用技术科学知识的创新，意味着掌握科技创新成果的企业能更新其技术手段、工艺方法和创造出科技含量更高的新产品。人们看到，英特尔公司依靠计算机芯片电路刻印的应用技术知识的不断创新，实现了个人计算机（Personal Computer，PC）不断升级换代。在发达的市场经济及其科学产品有效转化的机制下，任何个人——包括少年科学家、发明家——从事的卓有成效的科学活动都迅速转化为现实的生产力，如最早的苹果计算机，就是一些大学生在汽车房中进行的科技开发的成果。可见，在当代，各种各样方式进行的、获得使用的应用科技活动都具有物质生产劳动的性质，他们从事的智力劳动体现在企业的生产成果之中。

其二，科学成果间接地作用于生产。自然科学的基础理论研究，由于它的成果是关于有关物质或对象的性质的原理或基础性知识，它揭示对象"是什么"和"为什么"，但是却不直接回答应该"做什么"和"怎么做"，因而，这种科学活动成果，还是一个精神存在，而不具有可以供企业用于生产的使用效果。在市场经济中，非应用性的"纯科学理论"不具有可交换性，从而，不存在交换价值，市场机制不表现从而不承认基础理论研究活动的生产性。这一情况并不改变基础理论研究活动是"源头性劳动"，唯有这一"源头性"的劳动及其成果，奠定了应用技术研究的基础，为应用技术研究指出具体路径和方法。例如，计算机芯片的应用科技研究成果，是立足于有关单晶硅的物理学与化学性能的基础理论进步的基础之上。可见，科学知识的创造有其自身的规律，这就是基础理论科学引发、支撑技术，应用科学，每一次重大的基础理论的突破，会引发一轮大范围内的技术科学的创新和发展。在经济过程中，技术科学→现实生产力的转化，是立足于基础理论→应用技术知识的转化。这也就表明，尽管从微观现实的角度，从事基础研究的、创造"源头理论"的研究人员不参与企业生产过程，但是从生产全过程看，它的成果却对社会生产过程和使用价值的形成有着积极影响。可见，如果基于宏观和长过程，有效的基础理论研究活动仍然带有生产劳动的性质，只不过它是一种无须支付报酬的、不具有直接价值形成功能的生产劳动。

当代科学，作为实践的科学，它是服务于当代大生产——包括生产的物质技术、劳动方式、经营管理、体制创新等——的科学。各项科学活动的具体功能和服务于大生产的方式是多种多样的，人们应该基于科学活动发挥经济功能的方式，从大生产和总产品创造的角度，来评判和确认科学活动的生产劳动的性质。如人们不能只将技术科学活动作为科学活动，而否认管理科学活动的科学劳动的性质，人们也不能只将应用科学活动视为生产劳动，而否认基础理论研究活动的生产性。

六、科学劳动成为生产商品的劳动

科学成果的商品化，越来越多的科学活动被纳入商品交换领域是当代科学发展的特征。人们可以看到：（1）在当代经济中，科技成果诸如新创造、新发明、生产诀窍、产品设计、工程设计，都成为市场交易对象，它表明科技成果成为商品。（2）在市场经济中，科技研发主要采用市场招标，即竞卖方式来进行，独立的研发机构，如大学的研究所，实际上是按照购买方订货来生产和出售"科学知识商品"。（3）适应当前高技术经济的需要，出现了以创造和经营多样科学研究成果的公司化的企业，不仅仅包括进行各种工程设计、产品设计以及科技开发研究和成果销售的企业。如生物遗传基因编码的科研就是由大公司来组织，而且还包括从事经营管理方法与决策研究的企业，像兰德公司。这种科技研发的企业化经营，意味着科研成果被作为商品来生产和销售。（4）当代企业股权制度进一步创新，科技型企业普遍实行科技人员和经营者持股制。科技人员持有股权，实际上是以他们持有的科技创新产品换取股权，或者以科技创新劳动换取股权。科技股权以及经营者股权，进一步以科技知识资本化形式实现科技知识的商品化。（5）当代大工业公司，出售技术专利，提供科技研发服务成为获取收入和谋求盈利的重要途径。它表明，大企业不仅生产物质实物产品，而且还生产和出售"科技知识产品"。（6）在市场经济体制下，科技人员以被企业雇用的职工身份从事科学活动，科技劳动力成为在市场出售的商品，当代高科技经济进一步实行职工的自由流动，"跳槽"成为常规，它表明科技劳动力进一步成为市场交换的对象。

以上情况表明，科学成果的商品化、市场化、资本化是发达的市场经济中的大趋势，不管人们是否已经充分意识到，也不管人们是否情愿，在不可违抗的市场经济的法制作用下，更大范围的科学活动被卷入市场交换的领域，使更多的科学成果成为商品，使更多的科学活动成为创造商品的劳动。

科学力将成为财富创造的主要依托①

在当代世界经济发展的新时期，科学已日益广泛和深入地合并于生产过程之中，成为强化生产要素力的积极力量。它表明，主要依托于科学力的财富创造的最先进方式的到来。

人类经历最久的农业经济时代，是主要依托于人力创造物质财富的时代。大工业生产方式的确立，意味着使用价值与财富形成立足于机器力的时代到来。而财富创造的最高层次，是主要依托于科学力（知识力），这也是财富创造效率最高的方式。尽管有知识指引是人类进行生产劳动的特征，但是在人类社会产生以来，特别是在漫长的农业经济发展阶段，生产表现为知识匮乏性生产。产品形成中智力的稀薄，必然加强人类体力的密集。由农业经济到近代工业经济演进，意味着人类知识的进步，科学知识被引入生产和在财富形成中作用的增进。20世纪的两大科学基础理论——量子论和信息论——的发现以及此后基因理论、光子理论等的新发展，导致计算机、网络技术、生物技术、纳米技术等高技术的出现。当代高科技依靠其生产手段力和

---

① 原载《光明日报》2003年3月18日。

原材料力，能够生产出像小至硅片、电子猫，大到人造卫星、登月器等物质产品和现代财富。而且，高技术具有高劳动生产率，它能少费而多产，带来高财富增量。与此同时，科学的管理模式和方法越来越成为提高竞争力的需要，科学知识的日益加强渗透于劳动能力的形成，科学力成为促使劳动力素质提升的积极要素。总之，科学力正成为财富形成的主要动力，这也是正在蓬勃发展的高新技术经济的固有特点。

推进我国科技进步体制和机制创新^①

一、科技快速进步是时代的特征

20世纪是科技进步的世纪。20世纪中叶以来发达国家科技呈现出在广度和深度上加快发展，特别是80年代以来以信息技术为代表的高技术领域出现了快速的科技创新，这是一场波澜壮阔，有声有色的科技革命。迄至今日，这一科技创新浪潮仍然势头强劲，方兴未艾。高技术的迅猛发展，体现了生产力的跃进，它强有力地影响社会生产和社会生活。

高科技的应用于生产，（1）催生快速增长的新兴高技术产业；（2）推动传统产业的改造和升级；（3）引起企业组织、经营形式的变革；（4）刺激投资，扩大有效需求，拓宽了经济内生增长空间；（5）高技术产品以其高使用价值，提升群众的生活质量；（6）节约生产中的自然物质消耗，形成资源节约型的增长方式；（7）促进教育、文化、医卫等活动的发展和变革；（8）其产品，特别是计算机使

032

用于科技研发，增强了科技创新的能力，等等。总之，高技术不仅促进经济增长，还促进社会事业和文化、科学活动的发展，影响到社会生活的方方面面。

当前，我们正处在一个过去历史中未曾有过的科技强有力地促进经济、社会发展的新时代，世界各国都在致力于以科技创新谋发展，一场世界性的科技角逐正在开展。我国新时期经济的发展，更加需要依靠和立足于科技创新，走出一条起点高、增长快、质量好、消耗少、效益大、群众受益多的新型工业化、现代化道路。切实加快科技进步，是中国经济实现又快又好发展的关键。因而，从理论上进一步弄清和揭示当代科技快速进步的特征和机制是十分必要的。

二、当代科技快速进步的特点

当代科技快速进步具有下述特点：

（一）高技术快速发展

当代科技快速进步表现为信息、生物、新材料、航天、海洋、新能源等新技术的出现和快速发展，上述新技术是20世纪自然科学新发展结出的新果，人们称之为高技术（high technic）。

农业经济时代的物质技术表现为手工工具；它是以经验为基础的生产知识的物化，是一种简单的技术。工业经济时代的物质技术主要表现为机器体系，它是以牛顿力学为基础和起点的近代自然科学的物化，是一种初步依靠了科学力的物质技术。而当代的高技术，则是以20世纪产生的相对论、量子论、基因论等最新自然科学为理论基础，是20世纪后期众多的新兴应用技术科学的直接产物，它是攀上新高峰的、更完备的自然科学的物化，是一种高级的技术。以爱因斯坦、薛定谔、海森堡等为代表的当代杰出科学家所实现的当代自然科学新发展，标志着科学研发进入自然物质深层结构，是对微观世界和宇观世界的自然物质的性质和运动规律的深刻揭示，而作为当代新科学发现的转化形态和物质成果的高技术，则是对自然物质深层结构中的无比强大的自然力的有效利用。高技术的出现和普遍使用，成为生产的物质技术基础，表明了人类由对表层的自然力——水力、蒸汽力、机械力、电力等——的利用，转到对具有强大生产力的深层自然物质力——光量子、生物分子、核能、宇宙物质力等——的利用。高技术是当代最先进的物质生产力，它的使用正在引发物质生产方式的革命和推动生产力的跃升，成为人类用来推进经济发展和社会进步的强大工具。

（二）不断创新的技术

当代新技术既是技术质量"高"，而且技术进步步伐加快，表现为不断创新的技术。

当代高科技经济中，企业依靠一轮技术创新创造出的新产品，很快又为新一轮技术创新和更新产品取代。技术的不断创新性在信息技术的发展中表现得最为鲜明。英特尔公司1978年制造的8086芯片有29000个晶体管，经过80186、80286、80386到奔1至奔4的不断升级换代，当前小指甲大的奔4微处理器已有晶体管3000万个。英特尔创始人之一的摩尔，提出了著名的微处理器技术的不断创新的规律：即芯片功能18个月翻一番[①]。麻省理工学院埃里克·布林约尔松教授说：

---

① 1965年4月摩尔发表的论文中，以1959年到1965年的数据，提出了芯片技术（晶片上电晶体数目）每隔18个月左右提高一倍的"摩尔定律"。

"蒸汽机和电力都经历了大规模的演变过程，但它们的规模都无法与信息技术相提并论。信息技术是以指数增长的形式年复一年地向前发展。"①

生物技术的不断创新是近年来令人瞩目的事件。1944年量子物理学家薛定谔提出了生物遗传密码的科学设想，1953年剑桥大学的克里克和沃森发现了生物基因（脱氧核糖核酸）的双螺旋结构，为生物分子技术的发展奠定了基础。借助高运算能力计算机，90年代生物遗传基因的研究步伐加快，2001年人类基因组图谱在各国共同研发下宣告完成，目前利用生物分子原理的克隆技术以及基因药品和基因农、畜产品生产技术正迅速发展。

科技不断地和快速地创新，同样也出现在其他高科技领域。当前，以制造超微型工具的量子点技术研发，有望获得有实际利用价值的成果②。人工合成原子的技术，正在引发一场新材料的革命。人类不仅仅能加强利用现有丰饶的自然物质，如陶瓷用于耐高温材料，氢利用于开发新的能源——氢电池，而且，还能够通过分子合成形成新物质。此外，利用DNA作为原材料的最新研究正在开拓出新型的人工原材料的新源泉③。从当前的众多新研发成果中，人们已经看到了借助高技术使传统工业经济固有的经济增长与资源耗竭的矛盾获得解决的广阔途径和美好前景。

还需要提到，信息技术应用于航天领域，产生了精确制导技术和卫星发射技术的不断创新和令人鼓舞的人类登月以及火星、水星探索

① 参见《商业周刊》中文版2003年第9期，第40页。

② 科学家正在利用2~5纳米的量子点制作微型生物机器，如生物轴承，以及制作运入人体的药物、器械（显示器），制作非侵入性外科技术设备以及防弹盔甲等。

③ 2001年以色列已经完成以DNA合成使用取代芯片的运算0101数字信号的DNA电脑。

等技术的成熟，航天技术正在为人类开拓出可加以生产利用的"太空资源"。

尽管2001~2002年美国出现了信息网络危机，引发了大量科技型企业破产，但当前高技术领域中的技术创新势头仍然强劲，不断创新仍然是发达国家科技发展的大趋势。

（三）众多领域中的技术并进

高技术的特征是它的密切的相互关联，各种技术的互相促进。机器是一个复杂的体系，从而机器技术带有关联性，如蒸汽技术和蒸汽机制造带来机械工业的发展，装备制造技术促进钢铁冶炼技术的发展，电力技术引起电炉炼钢技术的发展，等等。但是工业经济时代上述技术的互相促进和生成要经历较长的、往往是以10年计的技术改造和磨合时间。高科技领域的各种新技术存在着互相耦合的性质，它表现为各种技术的密切渗透和互相促进。信息技术是高技术的物质基础，信息技术不只是促进和生成了一个多样门类的信息产业部门，而且，计算机特别是家用电脑，是生物技术的物质基础。如像由30亿个化学字母（碱基对）组成的人类基因结构，依靠人力对基因组进行逐个解读是不可能完成的，而依靠计算机的功能，动用几百台电脑同时工作，科学家就能大大缩短人类基因的排序研究。信息技术也是核动力技术中调控原子核活动的手段，它是卫星制导的核心技术，更是组合分子新材料的关键技术。可见，信息技术是通用性最高的高技术，它的发展起着促进其他高技术发展的作用。另一方面，其他高技术的进步及其需要也成为促进信息技术进步的新动力，如生物DNA技术的发展及其需要，推动了DNA电脑技术的研发，航天事业的发展，还会引起新的生物种与新材料的研发。可见当代高新技术形成了一个以信息技术为核心的关联技术群，从而使各种高技术密切地互促、互动和联动，这种关联技术群结构的联动机制，成为众多门类高技术并行的、不断创新的重要原因。

高技术具有强渗透力，它推动了传统工业技术的革新。信息技术有力促进传统制造业机器体系的进步，生产流程的重组，生产工艺的革新。高技术带动的传统工业生产领域的技术大革新，成为当代技术快速进步内涵的一个方面。

（四）当代科学新发现为基础的技术创新

农业经济时代的技术创新，如工具的改进、生产方法和劳动技巧日常的革新，依靠的是劳动经验。工业经济时代的机器的进步，依靠的是近代自然科学理论和应用技术知识。当代高技术，则是以20世纪科学的新发现和应用科学的新发展为基础，从而是一种高科学知识含量的技术。例如，信息技术是以量子力学理论和单晶硅技术科学等的进步为基础；人类遗传基因组排序技术是以20世纪量子理论和生物分子理论为基础和依靠了计算机技术。20世纪各门类的高技术的产生和创新都是立足于现代自然科学理论和应用技术科学的知识积累的基础之上，是依托于科学最新发现的技术创新，它表明：当代新兴科学的发展成为不断的、全方位的技术进步的源泉。

三、推动科技快速进步的体制和经济机制

技术进步是科技新知的生产化——知识形态的技术向物质技术的转化。在历史上，人们获得的科学、技术新知不是天然地要转化为物质生产手段和表现为物质技术进步；科技新知的得以应用于生产，

实现向物质生产手段的转化，需要有能激励、推动这一转化的经济体制和经济机制。一般地说，生产者采用新技术，是由于它的劳动生产率更高，能带来一个产出增量。但创造和使用新技术需要付出追加成本，因此，只有在新技术能生产出超出其成本的净产出，使生产者获得收益时，主体才愿意用新技术来取代原有技术。可见，自主的技术创新需要有物质利益驱动，从而需要有能发挥利益驱动技术创新的体制和经济机制。2000多年前小亚细亚和希腊已经有水力磨的发明，中国战国时期农业生产中已经出现牛、驴拉动的石磨，东汉时水碓，即水力磨已经开始使用于大地主庄园①，但是在古代和中古，通行的是畜力以及人力拉动的石磨，水磨技术未能普遍使用。漫长的农业经济时代尽管也有不少科技发明，但难以付诸生产使用，从而在生产技术上表现为停滞不前，这种情况正是由于体制和机制的缺陷所造成。

技术进步作为一种现实实践和一种实在范畴始于18世纪末英国工业革命，在资本主义工厂体制下，蒸汽动力机取代了水力，引发了此后的机器技术的持续进步和多次技术革命，迎来了机器大工业时代和立足于技术进步的经济增长方式。20世纪技术进步步伐加快，20世纪末叶更出现了以高技术主导的快速技术进步。近三百年来西方国家工业技术的向前发展和在20世纪进入快车道，在于形成了和依靠了市场经济中促进技术进步的一整套制度安排和经济机制。其主要内容如下：

（一）追求盈利的企业营运机制

在市场经济中企业是生产的主体，也是技术创新的主体。在盈利

---

① 根据桓谭《新论》记载，东汉初已有水力推动的"碓水而春"的水碓，魏晋时期更有水力推动的"连磨"的发明，但在中古自然经济中，水力磨只是为豪门地主用于磨面而未能得到广泛的使用。

最大化的企业营运机制下，使用新技术成为提高盈利率的手段，技术进步由此有了利益的驱动，获得超额利润成为企业内在的自主创新积极性的经济根源。

在当代高技术经济中，首先开发出和使用新技术的企业，既能在一定时期内享有对该项新技术垄断带来的高额利润，又能凭借它拥有的对某一领域应用技术科学知识的垄断，不断开发出新技术，并在较长时期内享有垄断收益，这种对技术垄断高收益的追逐和强激励机制，成为当代科技型企业高度积极的自主创新活动兴起的原因①。

（二）竞争和"优胜劣汰"机制

当代高科技经济中竞争分外剧烈，企业"昨天"掌握和使用的领先的新技术，"今天"就已经落后，"明天"就可能被淘汰。在知识快速流动和扩散的条件下，新发现、新发明不可能加以"封锁"和长期垄断。企业一旦制造出有高效益的科技创新成果，会促使其竞争对手加强同类新技术的研发和推出性能更好，或价格更廉的新产品，这种竞争经济中新技术的快速陈旧，迫使企业不断研发和创新技术。特别是高技术经济中，企业依靠知识资本创业，繁荣时期的硅谷几乎每时每刻都有众多新公司创立，形成万千企业互相竞争，大浪淘沙的严峻局面。激烈的竞争势态，推动和强使企业以自主创新求生存、谋发展。

（三）企业组织的发展和完善

重大技术创新，需要有大量的、持续不断的研发（R&D）支出，

---

① 英特尔、微软，从80年代迄今始终保持着它专长技术的垄断，并在微处理器和软件的市场销售中占有2/3的份额。

企业组织的创新，如股份制公司企业的产生和发展，企业兼并、重组的开展，等等，使大公司得以形成。在当代，大公司是自主科技创新的主力军，它们以其雄厚的经济实力为依托，不断加强研发机构和聚集科技人才，有计划地开展多种多样的技术创新。

（四）知识产权制度

知识产权制度把科技发现与发明，作为创新主体的一定时期排它的占有权①，维护了创新者的利益，强化了技术创新的经济激励，是企业积极地开展自主创新的重要制度前提。

（五）科技市场制度

科技产品的市场化和科技市场制度的形成和发展，使科技创新成果有偿转让和市场流动化，由此，企业不仅通过购买专利，进行技术革新，而且将自主创新的科技成果用于转让。当代大企业不仅仅生产物质产品，而且越来越致力于科技、知识产品的创造和转让，如出售自主研发的技术专利权、品牌、商誉和进行科技咨询，将其作为增大销售额和提高经济效益的手段。

（六）信用、金融体制（包括资本市场体制）

以上制度的发展和完善，为企业进行自主技术创新提供了金融支持。金融体制的创新在现代科技创新中的作用越来越大。产品周期短、更新快，从而投资与经营风险大的高科技产业的发展，有赖于投融资制度的创新。适应信息革命而得到发展的当代风险投资制度和创

---

① 美国1790年制定出第一部专利法，迄今美国共授予专利达500万项。

业板资本市场制度，支撑着高科技产业的发展，有力地推进了以企业为主体的科技创新。

（七）科学劳动股权制度

赋予科技精英以持股权，使其持有原始股权，或拥有购股期权，从而使智力投入，转化为企业资本投入，这是现代市场经济产权制度创新的重要方面。这一公司股权制的革新，以强利益激励和物质保障，有效地吸引和 "稳住" 科技人才和调动了科技劳动者的积极性，它是大企业得以实现卓有成效的科技创新活动的重要制度条件。

大体地说，包括以上七个方面的现代市场经济的一整套制度（体制）构架及其经济机制，实现了市场作用驱动的、以企业为主体自主的技术创新活动。除此而外，促进技术快速进步的制度基础还包括政府促进科技创新的措施，如：（1）政府组织的科技战略性研发活动；（2）对企业自主技术创新的政策支持与创新活动的引导；（3）对风险投资发展的政策支持；（4）发展教育和强化创新型人才培养，等等。可以说，以市场经济的体制构架及其经济机制为基础，以及政府的促创职能，形成了发达国家的科技创新体系，它是当代科技快速进步的制度依托。

四、加强体制构建，完善经济机制，实现我国科技快速进步

面对世界科技创新的大潮，中国需要坚定不移地和大力地促进科技进步，将新时期我国经济的发展，立足于科技进步的基础之上；要充分依靠科技力，促进产业升级和增长方式转变，探索出一条依靠科技、提高经济质量的新发展模式；要在增大科技含量基础上，提高劳动生产率，节约物质耗费，提升经济效益，实现国民经济的协调、平稳、持续、健康发展。"十一五"规划强调进一步实施科教兴国战略，中央做出了大力推动自主创新的重大决策，将它作为我国科技发展的基点。当前促进自主创新的各种政策措施正在制定，即将出台。为了贯彻落实"十一五"规划精神，切实加快我国科技进步，我们需要认真研究当代发达国家和新兴国家实现科技快速进步的经验，深入认识当代科技进步的特征与一般规律，立足于我国实际，适应社会主义市场经济的性质与要求，走出一条有中国特色的科技创新之路。

科技能否加快进步，关键在于要有一个完善的体制和机制。我国改革开放二十多年来，在积极探索科技进步中取得不少成果，一些尖端科技取得重大突破，神舟六号是我国科技跨越式发展的集中体现。但是从国民经济总体上说，我国科技进步步伐缓慢，科技水平与发达国家有很大差距。在微观层面上，作为市场主体的企业，科技创新的积极性不高，自主创新能力薄弱，创新投入极低，许多国有大型企业缺乏够格的科技研发部门，更缺乏高素质的研发队伍。许多企业习惯于单一从事物质生产，几乎没有进行科技知识生产的观念。因而，科技创新成果和获得的专利、品牌稀少，重大的原始创新成果更匮乏。目前，相当一部分有经济实力的企业满足于目前"订单做不完"，热衷于在现有技术水平上扩大产能，或是单纯依靠引进技术，而不肯在自主技术创新上下功夫。企业对自主创新，特别是攻克和掌握核心技术缺乏紧迫感。

我国技术进步缓慢，不只是由于创新意识的薄弱，从根本上说，是由于能有效促进技术创新的体制构架和经济机制未能形成，是转型期体制缺陷和体制约束所造成。因而，有效启动和加快我国广大经济层面上的技术进步，关键在于深化改革，搞好体制创新与机制创新。而其核心则是企业自主创新的积极性的调动和创新能力的增强。

第一，进一步推进以建立现代企业制度为目标的企业改革，使企业成为真正的拥有权、责、利的市场主体，使国有企业真正搞活，这样才能形成由内在力量推动的、积极的企业自主创新活动。在当前，特别要进一步做大做强一批国有企业，建立和加强企业研发机构，增强创新激励——包括搞好科技股权改革，使其成为自主创新的主力军和国家队。

第二，要大力进行相关制度建设，构建起促进企业自主创新的制度环境。如强化知识产权保护，落实按要素分配，切实维护首创企业的利益；发展和完善技术市场，推动新技术专利、品牌的转让；推进金融创新，发展风险资本；加强对技术创新的金融支撑，等等。

第三，搞好政府职能改革，有效发挥政府促进科技进步的功能。在当前要实行鼓励自主创新的财税政策，特别要对包括民营企业在内的强势企业的重大技术创新加强财政、信贷支持。

第四，要加强人才培养，特别是科技精英人才的培养，要推动企业加强高素质科技人员的引进，把人力资本做强。

第五，要高度重视科学的发展。技术进步的始源是科学发现，关键性的技术原始创新，来源于基础科学的新发展和应用技术科学的创新，一个国家经济中的科技创新状况和水平，决定于科学发展的状况和水平。当前我们既要致力于缩小我国与发达国家在技术上的差距，也要致力于缩小与发达国家在科学上的差距。我们不仅应集中力量，加强应用技术科学研究，还应大力加强基础科学研究，提高科学水平，将其作为一项重大任务和国策，精心规划，细致安排，切实搞好。重点高等学校和重点科研机构，应该成为科学家的摇篮和基础科学原始创新的策源地。

第六，要营造激励自主科技创新的文化氛围：大力提倡尊重劳动、尊重知识、尊重科学、尊重人才，特别要提倡和鼓励创新劳动，要在全社会形成一种勤于创新思维，勇于创新活动和包容失败的良好气氛。

第七，对于非竞争性领域的科技进步，要加强和完善政府的管理、统筹、协调和整合，有效发挥社会主义好办大事的优点，集中力量、完善协作，推动关键性、战略性科技的创新。为此，要大力推进和搞好政府职能的改革。

总之，深入研究和通晓当代科技进步的客观规律，结合我国实际，不断探索和努力构建起一个能充分发挥市场的基础力量和充分发挥政府功能的具有中国特色的体制构架，依靠这一体制和机制的功能，激活广大企业，特别是国有大企业，使企业成为自觉的和积极的自主创新主体，在我国必将出现一场生气勃勃的科技创新活动。此外，启动与增强企业自主创新能力的改革，也将有力地带动和推进我国全方位改革和开放，并由此促进新时期国民经济的发展。

推进体制机制创新　促进科技进步①

　　贯彻落实十六届五中全会精神，加快我国科技进步，需要我们认真研究当代发达国家和新兴国家实现科技快速进步的经验，深刻认识当代科技进步的特征与一般规律，立足于我国实际，适应社会主义市场经济的要求，走出一条有中国特色的科技创新之路。

一、科技快速进步是时代的特征

　　20世纪是科技进步的世纪。20世纪中叶以来，发达国家的科技无论在广度还是在深度上都呈现出加快发展的态势，特别是80年代以来，以信息技术为代表的科技进步更是一日千里，这是一场波澜壮阔、有声有色的科技革命。直到今天，这一科技创新浪潮仍然势头强劲、方兴未艾。

　　高技术应用于生产，对经济社会发展产生了重大影响：

---

① 原载《求是》2006年第2期。

（1）催生快速增长的新兴高技术产业；（2）推动传统产业的改造和升级；（3）引起企业组织、经营形式的变革；（4）刺激投资，扩大有效需求，拓宽了经济内生增长空间；（5）通过产品的高使用价值，提升人民群众的生活质量；（6）节约生产中的自然物质消耗，形成资源节约型的增长方式；（7）促进教育、文化、医卫等活动的发展和变革；（8）其产品特别是计算机应用于科技研发，增强了科技创新能力，等等。总之，高技术不仅促进经济增长，还促进社会事业和文化、科学活动的发展，影响到社会生活的方方面面。

当前，我们正处在一个从未有过的科技强有力地促进经济、社会发展的新时代。世界各国都在致力于以科技创新谋发展，一场世界性的科技角逐正在展开。我国新时期经济的发展，更加需要依靠和立足于科技创新，走出一条起点高、增长快、质量好、消耗少、效益大、群众受益多的新型工业化、现代化道路。切实加快科技进步，是中国经济实现又快又好发展的关键。因此，从理论上进一步弄清和揭示当代科技快速进步的特征和机制是十分必要的。

二、当代科技快速进步的特点

（一）高技术快速发展

当代科技快速进步表现为信息、生物、新材料、航天、海洋、新能源等新技术的出现和快速发展，人们称之为高技术。高技术以20世纪产生的相对论、量子论、基因论等最新自然科学理论为基础，是20世纪后期众多的新兴应用技术科学的直接产物。以爱因斯坦、薛定谔、海森堡等为代表的当代杰出科学家所推动的当代自然科学新发展，标志着科学研发进入自然物质的深层结构，是对微观世界和宇观世界的自然物质的性质和运动规律的深刻揭示；而作为当代新科学发现的转化形态和物质成果的高技术，则是对自然物质深层结构中的无比强大的自然力的有效利用。高技术的出现和普遍使用，成为生产的物质技术基础，表明了人类由对表层的自然力——水力、蒸汽力、机械力、电力等的利用，转到对具有强大生产力的深层自然物质力——光量子、生物分子、核能、宇宙物质力等的利用。高技术是当代最先进的物质生产力，它正在引发物质生产方式的革命，推动生产力的跃升，已成为人类推进经济发展和社会进步的强大工具。

（二）不断创新的技术

在当代高科技经济中，企业依靠一轮技术创新创造出的新产品，很快又为新一轮技术创新和更新产品取代。技术的不断创新性在信息技术的发展中表现得最为鲜明。英特尔公司1978年制造的8086芯片有2.9万个晶体管，经过80186、80286、80386到奔腾Ⅰ～Ⅳ的不断升级换代，当前小指甲大的奔4微处理器已有晶体管3000万个。生物技术的不断创新也是近年来令人瞩目的事件。1944年量子物理学家薛定谔提出了生物遗传密码的科学设想，1953年剑桥大学的克里克和沃森发现了生物基因（脱氧核糖核酸）的双螺旋结构，为生物分子技术的发展奠定了基础。借助高运算能力的计算机，90年代生物遗传基因的研究步伐加快，2001年人类基因组图谱在各国共同研发下宣告完成，目前利用生物分子原理的克隆技术以及基因药品和基因农、畜产品生产技术正迅速发展。当前，以制造超微型工具为目的的量子点技术研发，有望获得有实际利用价值的成果。人工合成原子的技术，正在引发一场新材料的革命。人类不仅能大大增强利用现有丰饶的自然物质的能力，而且还能通过分子合成形成新的物质。利用脱氧核糖核酸作为原材料的最新研究正在开拓出新型的人工原材料的新源泉。从当前众多的新研发成果中，人们已经看到了借助高技术手段解决经济增长与资源耗竭这一传统工业经济固有矛盾的广阔途径和美好前景。此外，信息技术应用于航天领域，产生了精确制导技术和卫星发射技术，把人类登月以及火星、水星探索的人类梦想变成现实，航天技术正在为人类开拓出可加以生产利用的"太空资源"。

（三）众多领域中的技术并进

高科技领域的各种新技术具有互相耦合的性质，表现为各种技术的密切渗透和互相促进。信息技术是高技术的物质基础，它促进和生成了一个具有多门类的信息产业部门，而计算机特别是家用电脑，则是生物技术的物质基础和通用性最高的高技术。像由30亿个化学字母（碱基对）组成的人类基因结构，依靠人力对基因组进行逐个解读是不可能完成的，而动用几百台电脑同时工作，科学家就能大大缩短人类基因排序研究的时间。信息技术是核动力技术中调控原子核活动的手段，也是卫星制导的核心技术，更是组合分子新材料的关键技术。同时，其他高技术的进步及其需要也成为促进信息技术进步的新动力。当代高新技术形成了一个以信息技术为核心的关联技术群，从而使各种高技术密切互促、互动和联动。这种关联技术群结构的联动机制，成为众多门类高技术并行的、不断创新的重要原因。

（四）当代以科学新发现为基础的技术创新

当代高技术，以20世纪科学的新发现和应用科学的新发展为基础，因而是一种高科学知识含量的技术。高技术的产生和创新都立足于现代自然科学理论和应用技术科学知识积累的基础之上，是依托于科学最新发现的技术创新。它表明，当代新兴科学的发展是持续的全方位的技术进步的源泉。

三、推动科技快速进步的体制和经济机制

技术进步是科技新知的生产化，即知识形态的技术向物质技术的转化。一般地说，生产者采用新技术，是由于它的劳动生产率更高，能带来一个产出增量。但由于创造和使用新技术需要付出追加成本，因此只有在新技术能让生产者获得收益时，他才愿意用新技术来取代原有技术。自主的技术创新需要有物质利益驱动，因此必须建立相应的技术创新体制和经济机制。

近300年来，西方国家工业技术所以能向前发展并在20世纪进入快车道，就在于形成并依靠促进技术进步的一整套制度安排和经济机制。（1）追求盈利的企业营运机制。在市场经济中，企业是生产的主体，也是技术创新的主体。在追求盈利最大化的企业经营机制下，使用新技术是提高盈利率的重要手段，技术进步由此有了利益的驱动。在当代高技术经济中，首先开发新技术的企业，既能在一定时间内享有对该项新技术垄断带来的高额利润，又能凭借它对某一领域应用技术的垄断，不断开发出新技术，并在较长时期内享有垄断收益。这种对技术垄断高收益的追逐和强激励机制，成为当代科技型企业积极进行自主创新的动因。（2）竞争和"优胜劣汰"机制。在当代高科技经济中，竞争分外激烈。在知识快速流动和扩散的条件下，新发现、新发明不可能被长期"封锁"和垄断。企业一旦制造出有高效益的科技创新成果，会促使其竞争对手加强同类新技术的研发，甚至推出性能更好或价格更廉的新产品。新技术的快速陈旧，迫使企业不断研发

和创新技术，从而形成万千企业互相竞争、大浪淘沙的严峻局面。这样，企业就不能不靠自主创新求生存、谋发展。（3）企业组织的发展和完善。在当代，大公司是自主科技创新的主力军。它们以其雄厚的经济实力为依托，不断加强研发机构，聚集科技人才，有计划地开展多种多样的技术创新。（4）知识产权制度。知识产权制度把科技发现与发明作为创新主体在一定时期排他的占有权，维护了创新者的利益，强化了技术创新的经济激励，是企业积极开展自主创新的重要制度前提。（5）科技市场制度。科技产品的市场化及科技市场制度的形成和发展，使科技创新成果能够有偿转让，由此企业不仅可以通过购买专利进行技术革新，而且可将自主创新的科技成果用于转让。（6）信用、金融体制（包括资本市场体制）。金融体制的创新在现代科技创新中的作用越来越大。由于产品周期短、更新快，投资与经营风险大，因此高科技产业的发展有赖于投融资制度的创新。适应信息革命而得到发展的当代风险投资制度和创业板资本市场制度，支撑着高科技产业的发展，有力地推进了以企业为主体的科技创新。（7）科技劳动股权制度。赋予科技精英以持股权，使其持有原始股权，或拥有购股期权，从而使智力投入转化为企业资本投入，这是现代市场经济产权制度创新的重要方面。这一公司股权制的革新，以强利益激励和物质保障有效地吸引和"稳住"科技人才，调动科技劳动者的积极性，它是大企业得以实现卓有成效的科技创新活动的重要制度条件。

大体地说，包括以上7个方面的现代市场经济的一整套制度（体制）构架及其经济机制，促进了以企业为主体的自主技术创新活动。除此以外，促进技术快速进步的制度基础还包括政府促进科技创新的措施。如政府组织科技战略性研发活动，对企业自主技术创新的政策支持与创新活动的引导，对风险投资发展的政策支持，发展教育和强化创新型人才培养，等等。可以说，市场经济的体制构架及其经济机制，加上政府的促创职能，构成了发达国家的科技创新体系。

四、加强体制构建，完善经济机制，实现我国科技快速进步

面对世界科技创新的大潮，我国需要坚定不移地大力促进科技进步，将新时期经济发展建立在科技进步的基础之上。我们要充分依靠科技力量，促进产业升级和增长方式转变，探索出一条依靠科技提高经济质量的新的发展模式；要在增大科技含量基础上，提高劳动生产率，节约物质耗费，提升经济效益，实现国民经济的协调、平稳、持续、健康发展。

改革开放20多年来，我国在积极探索科技进步方面取得不少成果，一些尖端科技取得重大突破，神舟六号是我国科技跨越式发展的集中体现。但从总体上说，我国科技进步仍较缓慢，科技水平与发达国家有很大差距。在微观层面上，作为市场主体的企业，科技创新的积极性不高，自主创新能力薄弱，创新投入极低，许多国有大型企业缺乏够格的科技研发部门，更缺乏高素质的研发队伍。许多企业习惯于单一从事物质生产，几乎没有进行科技知识生产的观念。因此，科技创新成果和专利、品牌稀少，重大的原始创新成果更是匮乏。目前，相当一部分有经济实力的企业满足于当前"订单做不完"，热衷于在现有技术水平上扩大产能，或是单纯依靠技术引进，而不肯在自主创新上下功夫，对攻克和掌握核心技术更是缺乏紧迫感。

我国技术进步缓慢，不只是由于创新意识的薄弱，从根本上说，是由于能有效促进技术创新的体制构架和经济机制未能形成。因此，

必须深化改革，搞好体制创新与机制创新。而其核心则是企业自主创新积极性的调动和创新能力的增强。

（1）进一步推进以建立现代企业制度为目标的企业改革，使企业成为真正的拥有权、责、利的市场主体，使国有企业真正搞活。只有这样，才能形成由内在力量推动的、积极的企业自主创新活动。在当前，特别要进一步做大做强一批国有企业，建立和加强企业研发机构，增强创新激励（包括搞好科技股权改革），使其成为自主创新的主力军和国家队。（2）大力进行相关制度建设，构建起促进企业自主创新的制度环境。比如，强化知识产权保护，落实按要素分配，切实维护首创企业的利益；发展和完善技术市场，推动新技术专利、品牌的转让；推进金融改革，发展风险资本；加强对技术创新的金融支撑；等等。（3）搞好政府职能改革，有效发挥政府促进科技进步的功能。在当前，要实行鼓励自主创新的财税政策，特别要加大对强势企业重大技术创新的财政、信贷支持。（4）加强人才培养，特别是科技优秀人才的培养，推动企业加强高素质科技人员的引进，把人力资本做强。（5）高度重视科学的发展。技术进步的始源是科学发现，关键性的技术原始创新来源于基础科学的新发展和应用技术科学的创新。一个国家的科技创新水平，决定于科学发展的状况和水平。当前我们既要致力于缩小我国与发达国家在技术上的差距，也要致力于缩小与发达国家在科学上的差距。我们不仅应集中力量，加强应用技术科学研究，而且要大力加强基础科学研究，提高科学水平。这要作为一项重大任务和长期实行的国策，精心规划，细致安排，切实搞好。重点高等院校和重点科研机构，应该成为科学家的摇篮和基础科学原始创新的策源地。（6）营造激励自主科技创新的文化氛围，大力提倡尊重劳动、尊重知识、尊重科学、尊重人才，特别要提倡和鼓励创新劳动。要在全社会形成一种勤于创新思维、勇于创新活动和包容失败的良好氛围。（7）对于非竞争性领域的科技进步，政府要加强管理、统筹、协调和整合，有效发挥社会主义制度集中力量办大事的优越性，完善协作，推动关键性、战略性科技的创新。

当技术创新走出了实验室①

当代的技术创新，正在成为以新技术研发为起点、以物质生产手段和方法创新为特征、以新产品的创造为归宿的连续过程。这样的技术创新已走出了实验室，不同于实验室中的技术研发。实验室中的技术研发完成于新技术的成熟，而走出实验室的技术创新还包括技术成果在生产中的应用和财富的创造；实验室中的技术研发可以是以获得科学发现和技术发明为目的的纯科学活动，而走出实验室的技术创新则是一种经济实践——作为经济活动的物质生产与科技研发。推进这样的技术创新，不仅需要提高研发者的能力和水平，而且需要形成和完善相应的生产关系和经济机制。

在资本主义之前的农业经济时代，由于缺乏促进技术进步的制度结构和经济机制，生产中的技术变革和进步十分缓慢。在资本主义工业化、现代化的过程中，技术进步和创新的步伐大大加快，出现了几次技术创新高潮和产业革命。这其中的根本原因就在于形成了有利于技术创新的体制机制。同样，在当今时代，要快速、全面推动技术创

---

① 原载《人民日报》2006年10月30日第9版。

新，必须依靠市场力量、发挥政府功能，构建适应现代市场经济要求的技术创新体制机制。其基本构架可以归结为：技术研发成果成为商品或最终商品的组成部分，也就是将技术研发活动作为创造使用价值和价值的商品生产劳动；形成以企业为主体，以市场为导向，以知识产权、技术产品市场、信贷与资本市场等为支撑的制度体系；发挥政府功能，搞好基础性科学研究以及技术基础设施等公共产品的生产。

促进技术创新的体制机制，其核心是技术研发活动的商品化，也就是要把技术发明作为供市场转让的专利商品来生产。传统的企业技术创新大多是技术成果的自研自用，这种研发劳动创造出具有高技术含量、带有垄断性的商品，在市场交换中不仅实现其自身价值，而且会获得超额利润。但自研自用的传统技术创新是一种封闭式创新，其缺陷是企业为保持对新技术的垄断，或者由于新发明与企业原有经营模式存在矛盾等原因，往往会把未被使用的技术搁置起来。而这样做，企业既要承担难以回收的高昂研发费用，又要冒着新技术失效的风险。当代企业大多实行开放式创新，即将那些自己并不应用的研发成果向外转让，使之在市场交换中成为商品。技术研发的商品化，不仅减少了技术创新成果被搁置而给企业带来的损失，而且通过出售研发产品，开辟了企业收入的新源泉。至于众多专门从事科技研发的中小公司以及个人独立的研发活动，更是立足于知识和技术商品（专利）的生产与交换而进行的。

在包括企业、研究机构、个人等多种开展的社会化科技研发活动中，研发者与使用者之间、研发者相互之间、使用者相互之间的有机联系主要是建立在商品生产和交换的关系和机制之上的。商品关系的引入，重构了研发领域的生产关系，形成了有利于技术创新的体制机制：强化了技术创新的激励机制，形成了技术创新的竞争机制和市场导向机制，发展了保障和支撑商品性研发的产权和金融制度，等等。所有这些，大大提高了技术创新的效率。

20世纪中叶以来，发达国家技术创新步伐的加快以及技术创新高潮的出现，除了更加充分地发挥市场的力量，还依靠了政府的力量。这主要体现在：知识产权、科技股权、风险资本和二板市场等制度的建立以及防止垄断、维护竞争等体制的形成，需要发挥政府的经济和法律制度建设功能；基础科学研究是非市场性的活动，需要政府把它作为公共产品来进行生产和提供；战略性、关键性技术和技术基础设施的发展，不确定性和风险性大，存在市场失灵问题，需要政府在研发方向、重大课题、活动组织等方面作出规划，一些基础设施性质的技术产品的生产还要由政府直接从事或组织实施。这些经验，值得我们在推进技术创新的过程中加以借鉴。

论当代技术创新①

技术创新，是20世纪世界经济发展的一个重要亮点。特别是20世纪末叶，出现了前所未有的科技创新的高潮，在当前技术创新势头依然强劲，快速的技术进步，仍然是世界经济发展的大趋势。

一、生产技术的三次大飞跃

技术创新有着两种形式：渐进性的创新与飞跃性的创新。大体地说，在人类社会经济发展的某一时间段落，技术层面上会表现出一种渐进性的变化，其性质是原有技术属性的完善，属于量变；随着历史跨入新的时期，随着技术领域量变的不断积累，在某一时段会有与原有技术在性质上不相同的新技术的出现，这时量变就转化为质变，渐进性的变化就转化为飞跃性的变化。蒸汽机的取代水力磨，此后电动机、喷气动力机等的发明和使用，是动力机技术发展中的质变；从石油到核能，是能源技术发展的质变；从一般化工，到高分子化工，

_____

① 原载《经济学动态》2007年第6期。

再到当代的原子合成，是原材料技术发展的质变；由选种到现代人工育种，再到生物基因工程，体现了种子技术发展中的质变。可见技术的发展总是由渐进的量变转化为质变，在新质基础上又开始渐进的量变，再进至更高一级的质变，如此周而复始、不停顿地进行。

技术创新的量变到质变，还可以从另一个角度来考察。

我们可以把18世纪末英国工业革命以来物质生产领域由手工技术到机器技术的转变，作为近代世界经济发展中第一次重大生产技术质变。这一技术大变革起源于16世纪以来西欧工场手工业中手工具体系内渐进的技术创新，200多年来的技术量变，孕育和演化出18世纪末的蒸汽革命，这一革命在数十年间就实现了西欧和北美社会经济的物质基础由手工技术向机器技术的转换。工业经济时代技术创新的步伐大大加快。19世纪中叶，出现了火车、轮船等新的交通工具，19世纪末叶电力和电动机的发明，创造出崭新的电力技术，推动了机器体系的发展、完善和工业物质技术的升级，这是近代世界第二次工业技术的大变革。19世纪末叶德国重化工业的发展和20世纪20年代美国福特汽车公司开创的流水线、标准化大生产——可以称为技术密集型生产——就是第二次技术革命的鲜明体现。

20世纪70年代以来，开始了以信息技术的发明和使用为主轴的技术创新高潮，我们称之为第三次生产技术变革，这场生产技术创新，无论在创新技术的品质、技术被生产使用的规模、技术创新的速度等方面，都是过去两次技术创新所不可比拟的，是一场生产技术的特大飞跃。

二、当代技术创新的特征

当代技术创新具有下述特点:

(一)高科技含量的创新

当代技术创新表现为高技术的产生和发展。高技术是以信息技术为核心,包括生物技术、新材料技术、新能源技术、航天技术、海洋技术等在内,是一个"高技术群"。高技术不同于传统工业技术,它是以20世纪的自然科学新发展为基础的技术,相对论、量子论、基因论等是20世纪的伟大科学创新,它把以牛顿力学为标志的古典自然科学提到了新的高度。这一科学基础理论大突破,催生了众多的新应用技术理论,而当代的高技术就是上述科学新发展,或当代新兴科学结出的硕果。因此,高技术是体现人类最新科学知识的技术,简称高科学含量技术[1]。

由于当代新兴科学,是对蕴含着最强大自然力的微观或宇观的物质结构及其运动规律的揭示,高科学含量技术也就是有效利用了最强大自然力的技术。正由于此,高技术能创造出产品的高使用价值[2],能大幅度地,甚至幂级式地提高劳动生产率,还能节约自然物质耗费,从而,能适应高品质的、持续的、快速的现代大生产要求。可见,高技术的出现,不是物质生产技术的一般升级,而是传统工业技术的重

---

[1] 由于高技术是新兴科学的成果和物化,当代科学知识进步迅速转化和表现为物质生产技术创新,科学(知识)进步与生产技术创新在很大程度上一体化了,因而,当代技术创新,用"科学、技术创新",或"科技创新"一词来加以表述就更加确切。

[2] 高技术创造出的高使用价值,能更有效和更充分地满足现代人的需要,提升人的生活享受,也能满足高品质的、文明的现代生产的需要。高技术产品的使用价值可以称为现代使用价值。

大质变。

（二）全面的技术创新

机器是包括发动机、传动机、工作机在内的体系，现代工业技术更是一个复杂的结构体系，体系内的各种物质技术是互相关联和互相耦合的，某一项重要技术创新出现后，会带动相关技术的创新。因而，技术创新从来不是某一技术单方面的发展，而更多表现为：以某一核心技术创新为主轴，带动相关技术的发展与创新。这种技术创新中的互相带动，在当代高技术创新中表现得十分鲜明，呈现出：多品种、多门类的高新技术并进，即全方位的技术创新。

高技术具有十分密切的内在关联性，某一项技术创新会迅速引发另一项技术创新，呈现出高技术的强联动效应。如在信息技术领域中，计算机技术引起信息软件、信息网络传输技术以及信息搜索技术等的产生和发展，而因特网技术的发展又促进了家用计算机技术的进一步创新，以及手机和音乐播放机等一系列创新。多种技术的创新联动是当代信息技术不断创新和信息产业快速增长的重要动因。在生物技术、新材料技术等领域，多种技术的强联动效应也都有鲜明的表现。

在当前，技术创新联动，还表现在多门类高技术的互相渗透和互相促进上。信息技术是当代关键的高技术，它已成为当代的通用技术。信息技术被普遍使用于其他高技术领域，它在与异质技术结合中共生和创造出新的高技术门类。如计算机技术被使用于生物分子以及物质分子研发中，正在生长、创造出令人瞩目的生物工程技术和新物质材料技术；计算机技术被使用于控制核子互撞和聚合，生成和创造出当代核技术；计算机技术被使用于调控航天器的运行，促进和催生出当代宇航技术。另一方面，我们看见，生物基因技术以及纳米技术的创新，使生物分子计算机得以产生，由此促进计算机技术的进一步创新。

可见，正是当代高技术具有的内在高关联性及其强联动效应，使某一高技术领域的重大创新向其他领域扩散，形成全方位高技术创新。此外，高技术还具有强渗透性和高亲和力，它会向传统工业和服务领域以及管理和精神生产领域渗透，与高低不等的各类别技术相结合，促使其完善和升级①。

（三）不断的技术创新

不断的技术创新是高技术创新的特征。工业经济时代的技术创新带有间歇性，大规模的技术创新，即众多企业进行固定设备的更新，通常开始于经济周期的复苏阶段，即使在经济扩张阶段，许多企业往往依靠增加劳动力，在原有技术基础上扩产，即实行的是外延的扩大再生产形式。因而，技术表现出较长的生命周期。而在高技术发展时代，则出现了不断的技术创新。人们可以看见，企业刚刚研发出和使用于生产的新技术，很快地为新一轮研发成果所取代，呈现出一种始发的技术创新，继之以后续的技术创新的不断的技术创新流②。有关信息技术创新的摩尔定律，即芯片晶体数量与运算速度在一年半时间提高一倍，正是高技术领域不断的技术创新的生动的表述。

不断的技术创新，在性质上是属于量变，但量变的积累会孕育

---

① 信息技术被引进于传统手工艺领域，如玉器雕刻、金银饰品制作中计算机的应用，正在带来传统手工业中纯手工技术的创新和生产出精美的新型手工艺品，由此，给手工业带来生机。

② 科技创新包括科学活动，技术发明活动，新发明在生产中使用三个阶段。在当代，科学活动不断产生新的发现，后者较顺利地转化为技术发明，紧接着新技术又转化为物质生产技术和新产品，实现了一种科技创新流，它意味着科学快速地转化为生产力。

出局部质变甚至根本质变。而且，不断的技术创新意味着技术快速进步，这种技术快速进步和高技术的强联动效应相结合，形成了一种技术因子群内部众多技术因子之间的十分强劲的互相促进机制，由此使新技术指数式地增长。

图式如下：

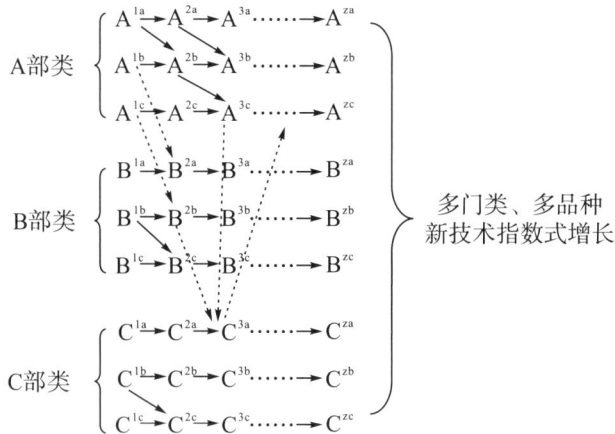

A^{1a-2b}，$A^{2b} \rightarrow A^{3c}$，$B^{1b} \rightarrow B^{2b}$，$C^{1a} \rightarrow C^{2b}$，表示A、B、C部类内部的各门技术的不断创新之流。

黑虚线$A^{1b} \rightarrow B^{2a}$，$A^{1c} \rightarrow B^{2b} \rightarrow C^{3a}$，$C^{3a} \rightarrow A^{3c}$表示不同部类技术因子间的互促。

在高技术经济时代，形成了一种先前人类技术发展史中所未曾有过的、强劲的技术因子群内在互促机制，这是一种全方位的、内生的技术创新力，人们称之为"技术爆炸"。其表现是技术创新在广度上和深度上发展，既是多门类高技术的创新并进，又是各项具体技术性能的不断完善和升级。当代世界出现的技术特大飞跃，正是这种高技术因子群固有的强劲的互促机制和内生技术创新力的表现。

三、企业自主技术创新和企业生产模式的转换

技术因子之间的互相促进，不是自然而然地实现，而是立足于和依托于一定的经济机制。现实的技术创新从来是创新者——主体的一种经济行为。现代技术创新是以企业为主体的现代化大生产活动。它表现为：企业通过购得的或自行研发的新技术，革新生产设备和生产方法，创造出品质更优的新产品。现代典型的技术创新，表现为企业自主创新。也就是：企业自行进行独创性技术研发——包括原始创新，集成创新，引进、消化再创新——然后将研发成果用于革新生产技术和方法，创造出优质产品。

工业经济的初始时期，企业是物质生产的主体。由于实行机器大生产，工厂有了机械师和技工，他们主要从事机器设备维修，而不是技术研发。在社会上有大量过剩劳动力存在和国内与国外市场不断开拓的条件下，企业扩大再生产通常是依靠增加劳动力。企业在进行固定资产更新和革新时，通常是通过向外购买新设备，因而初始期的工业企业的生产表现出单一的物质生产性质，大多数企业不进行自主技术研发。在这一时期，和工业革命前一样，科技研发主要是由教授或拥有科学偏好的士绅，在大学或私人实验室中进行和完成的。这种早期的技术研发多半是由个人的兴趣所推动，是一种营利性的科学活动。

随着钢铁、化工、机械等重工业的发展，企业物质生产技术体系复杂化，特别是在产品过剩和竞争加剧的形势下，技术革新成为提升竞争力和获取超额利润的重要手段，大企业开始进行自主的应用技术的研发。19世纪末德国的克鲁伯、蒂森、西门子等大企业率先建立了

内部实验室，从事与企业生产有关的技术研发[①]。

20世纪强劲发展的工业化、现代化进程中，出现了技术研发活动在企业内大规模的开展，以及研发活动和物质生产活动更密切的结合。在20世纪末高技术经济迅速发展的时代，技术成为第一生产要素，高技术企业通过自身的新技术的不断研发来革新物质技术条件和生产活动，进行产品创新，由此赢得市场和增大效益[②]。

当代众多企业，特别是高技术企业不仅从事物质生产，而且要从事技术开发，这种研发成果不只是作为技术储备，供企业未来使用，而是很大程度上要投入当前生产，来实现不间断的物质手段的革新和产品的升级换代。当代创新型企业，先行的技术研发是和后续的物质生产相衔接，不断转化为新的物质生产手段和新的产品，而科学知识生产性的技术研发也就成为企业生产过程的一个环节，科学劳动也就成为生产劳动的一种具体形式。

其图式如下：

现代创新型企业总生产过程

科技研发劳动 ——→ 技术新发明 ——→ 新技术投产 ——→ 新科技产品 ⎰ 科技产品Ⅰ（生产资料）⎱ 科技产品Ⅱ（消费资料）

科学、技术知识生产　　　　　　物质生产

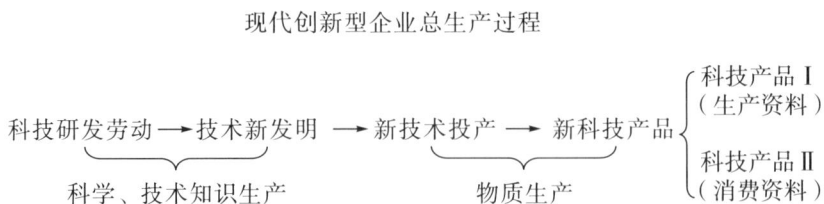

① 德国煤炭、钢铁企业自行研发出众多的新发明，化工企业通过对新材料的不断研究，制造出新染料。大企业依靠对新技术的自然垄断获得丰饶盈利和不断扩大生产规模。1870年以来在德国重化工业发展中形成了一种新的企业模式。托马斯·K.麦格劳称："德国资本主义是以科技为本"。见托马斯·K.麦格劳《现代资本主义》，江苏人民出版社，2006年，第163页。

② 高技术企业的研发开支通常占销售收入5%~7%，IBM近年来销售收入增长主要来源于对外提供研发与技术服务的收入。

以上图式表明，当代企业进行的生产，始发于技术研发活动，后者完成于新技术的创造和成熟，继起是新技术的投产使用，完成于优质产品的创造。这是一种科技研发与成果投产使用的相衔接和科技知识生产与物质生产相一体的现代化大生产模式和现代企业组织形式。

实行技术研发与物质生产相结合，是20世纪末叶高技术经济发展条件下企业内在的需要。（1）高技术经济中，企业为获取垄断利润而追求由自身独占的新技术，而不是市场可购买，从而任何人都能获得的技术，为此企业必须自己从事技术研发。（2）信息时代，技术知识流动性增强，同类新技术很快会为竞争对手掌握。激烈的技术竞争，强使企业必须不断开发新技术。（3）新技术的生命周期短，为适应技术更新和技术储备的需要，企业必须进行持续的技术开发。（4）外购的技术专利往往不能与企业自身的生产条件和商业模式相适应，也为了节约购买专利权的支出，企业需要进行自主的技术研发。

高技术经济发展时代，企业不仅需要进行自主技术创新，而且，由于高技术企业的高盈利、高增长的性质，特别是由于企业拥有强势科技知识资产——主要是科技尖子团队——，因而，企业拥有进行自主技术创新的经济实力和智力基础，特别是像IBM、微软这样的创新型大公司，成为许多重大技术发明的策源地[①]。

当代一些高技术企业不承担物质生产职能，只是从事专业化的技术开发，如接受合同研发任务，进行技术研发项目的承包，承担技术咨询，转让新技术专利权。发达国家的高科技研发中心——人们称

[①] 大公司拥有进行自主研发的经济实力。在美国1981年大公司在行业研发投资中所占份额高达70%。IBM公司1999年年获得的专利2756项，居美国申请单位之首位。公司研究部门五次获得诺贝尔奖、八次获得国家级奖。参见：亨利·切萨布诺夫：《开放式创新》，科学出版社，2010年，第99页。

之为硅谷——涌现的大量的技术公司，大多数只有数十名或上百名研发人员。如美国众多的中小生物技术公司，它们的任务是进行生物技术新药物开发和出售专利，而不从事制药，这是专门从事商品性科技知识生产的企业。在当代，不仅如马克思所说，"发明成了一种特殊的职业"①，而且成为特殊的企业。这些科技公司，技术研发已成为企业的主业，由于它能依靠知识生产中专业化分工的优势——拥有熟练的人才团队以及专业知识、专业实践经验的积累等——，特别是依靠科技尖子的研发能力，也由于依靠现代企业制度——包括科技股权制——的激励科技劳动的机制，这些中小企业也具有强劲的知识生产和创新能力，它们成为当代许多重要技术知识的研发者②和新技术知识的提供者。

总之，在当代世界，在高技术经济迅猛发展的新形势下，越来越多的企业，采取了将技术研发与物质生产相结合的企业组织模式。我们把上述企业称为自主技术创新型企业。当代世界出现了众多企业由单纯物质生产型转向自主技术创新型的转型，这是一场在高技术革命的背景下产生的意义重大的微观生产模式的重塑。它使科技活动直接并入企业活动之中，拓宽了企业生产的内涵，推动了企业制度和机制的创新，从而使企业组织结构和活动方式更加适应技术创新和向研发成果生产力转化的要求。自主技术创新型企业的大量出现表明：在当

---

① 马克思：《机器自然力和科学的应用》，人民出版社，1978年，第208页。

② 许多中小科技公司将它们的新发明通过收取专利使用费形式转让给其他公司生产使用，一些公司则在研发出富有商业价值的新技术成果后，自行从事加工制造，或通过兼并其他企业来进行制造。在高技术经济发展中，中小企业越来越成为科技创新的积极力量。1981~1999年，美国中小企业的研发投资不断增大。1981年小于1000名员工以下的企业在行业研发投资中所占比例为4.4%，1999年增至22.5%。参见：亨利·切萨布诺夫：《开放式创新》，科学出版社，2010年，第55页。

代，企业不仅是物质生产的主体，也是技术研发和科技成果投产使用的主体。归结起来，在当代世界，企业是技术创新的主要经济载体，是技术发明的最主要的策源地和技术进步的主要推动力量。

四、当代技术创新所依托的体制与机制

本文中我们将"技术创新"一词的含义规定为：以新技术研发为起点，继之以物质生产手段及生产方法创新，最终完成于技术含量更高的新产品的创造的过程。

不能将现实的技术创新，等同于实验室中的技术研发。实验室内的技术研发完成于新技术的成熟，现实的技术创新则包括技术研发和技术成果在生产中的使用和财富的创造。实验室的技术研发，可以是以获得科学发现和技术发明为目的的纯科学活动；现实的技术创新，无论是技术研发活动和新技术的投产、使用活动都是一种经济实践，是作为经济活动的物质生产与科技研发。因而，技术研发和创新的状况，不仅仅与研发者的创新能力与智慧等精神品质相关，而且与主体进行创新活动体现的生产关系和经济机制密切相关。

技术研发与创新，从来是在特定的制度结构与经济机制下实现的。如同只有形成了适应生产力性质的、完善的生产关系才能有生产力的顺利的发展一样，只有形成了适应技术性质和有利于这种性质的技术的开发和使用的完善的生产关系，才能有生产中技术的迅速进步和创新。在前资本主义的农业经济时代，生产中技术变革和进步十分缓慢，劳动群众在长期的生产实践中创造出不少新发明，但由于缺乏促进技术进步的制度结构和经济机制而被搁置。资本主义工业化、现代化过程中技术进步和创新步伐大大加快，并在20世纪末以来出现了

快速技术创新，最根本的原因在于形成和依靠了促进技术创新的体制与机制。

在当代条件下，要形成快速、全面的技术创新，必须依靠市场力量、发挥政府功能。也就是：要构建现代市场性的科技创新体制与机制。这一体制构架可以归结为：（1）将技术研发成果直接作为商品或作为最终商品的组成部分，也就是将技术研发活动作为创造使用价值和价值的商品生产劳动；（2）将企业作为技术创新的主体，将市场作为技术创新的导向，将知识产权、技术产品市场、信贷与资本市场等作为技术创新的必要制度支撑；与此同时，发挥政府的功能，搞好基础性科学研究、技术基础设施等公共产品的生产。

（一）技术研发商品化与技术发展的利益驱动

促进技术创新的现代体制与机制的核心是技术研发活动的商品化。也就是说：要把技术发明——包括新技术、新工艺、新材料、新产品——作为供市场转让的专利商品来生产。传统的企业技术创新是技术成果的自研自用，技术研发的成果是作为企业自身进行生产技术创新和作为商品的产品创新的手段。尽管在这里，自产自用的新发明不是商品，但却是企业生产高技术含量"商品的组成部分"[①]。因而，研究发明劳动就成为商品生产劳动，这一智力劳动也会物化为新发明的价值，并且转移到最终产品价值之中，成为最终商品价值的组成部分。更重要的是，研发劳动创造出具有高技术含量、带有垄断性的商品，这种高技术商品在市场交换中不仅实现内在价值，而且还会获得

[①] 马克思在论述设置有众多分工部门的近代工厂时说：这些部门特殊劳动所"生产的产品已经不是特殊商品，而只是某种商品的组成部分"。见马克思：《机器，自然力和科学的应用》，人民出版社，1978年，第110页。

超额利润。

自研自用的传统技术创新是一种封闭式技术创新。这种创新模式的缺陷是：企业为保持其对新技术的垄断而将未被生产使用的技术"搁置"，为此，企业要承担高昂的科技开发费用和冒新技术失效的风险。

当代不少企业实行开放式创新。在高技术经济条件下，企业研发的科技新成果越发众多，由于种种原因，特别是新发明与企业原有商业模式的矛盾，使许多新发明不能投产使用而被"搁置"。新发明不能在企业内进行转化（为生产力），也就是用于科技研发的资本价值难以流转和实现，研发资本投入与资本价值实现的矛盾就成为实行封闭式创新的企业难以解决的矛盾。这一矛盾决定了企业实行开放式创新，即将不自用的研发成果向外转让，在市场交换中研发成果就成为商品。技术研发的商品化，不仅减少了技术研发成果被"搁置"给企业带来的经济损失，而且，通过出售研发知识产品，开辟了企业创造收入的新源泉①。至于那些众多的专门从事科技研发的中小公司以及个人独立的研发活动，更是立足于知识技术商品（专利）的生产和交换。

可见，高技术经济时代，出现了包括企业、研究机构、个人等多样主体开展的社会化的科技研发，这种社会化研发活动固有的研发者与使用者间、研发者相互之间，以及使用者相互之间的有机联系，主要是建立在商品生产和交换关系和机制之上。

---

① IBM等大公司，加强了专利转让、科技咨询、为客户进行技术设计等活动，这种"知识生产"活动已成为近年来企业销售收入增长的重要来源。

（二）商品关系的引入，重构了研发领域的生产关系，形成了有利于促进技术创新的体制和机制

1. 增强了技术研发的激励机制

由于实行知识产权制度，科技成果成为商品，科技劳动有了价值性，在科技商品市场交换机制下，企业和科技人员均能从研发和创新中获得经济利益，从而技术研发活动有了经济利益的驱动。

2. 形成了技术研发中的竞争机制

科技成果作为商品和在市场交换，必然形成研发活动中的竞争，为了争取订单和提高新技术专利的转让费用，技术研发者和专利提供者就必须使研发成果质优价廉和加快研发过程。市场竞争所固有的优胜劣汰的机制，就成为一种压力，促使技术研发主体不断加强研发手段和实验设施，聚集研究人才，搞好市场调查，选好技术研发方向形成自身的专门化的技术研发优势，提高研发效率。竞争机制不仅促进开放式自主技术创新，也推动自研自用的企业改进研发工作，使新技术适应企业自身需要和降低研发费用，否则企业宁可放弃自行研发而实行向外购买技术。研究课题招标的竞争，还有力地促进大学和研究机构增大研发力量，提升科研水平。总之，竞争机制的引入，有力地促进了研发活动的开展和质量提高。

3. 形成研发的市场导向机制

在实行科技产品商品化条件下，作为创新主体的企业，要实行以市场为导向的研发。这就是：根据市场需求确定研究方向，选择研发项目，搞好研究规划和研发活动的组织，提高研发效率，千方百计使研究成果适应买方的需要。即使是"自研自用"的技术研发，新发明是作为创造出供市场销售的最终商品的手段，这样的研发也体现了市场导向的性质。

科技研发是一种自由的精神活动，这种科学活动会受到研发者个人的兴趣、爱好的影响。往往会有一些研究成果具有重大科学价值，但是却缺乏生产应用价值和商业价值，这样的技术发明只能保持在样品形态，而不能转化为现实的生产要素。这种科技研发与现实生产的脱节现象，在传统的以国家的院所、大学为主体的科技体制下表现得十分鲜明。在企业成为技术研发主体的情况下，实行市场导向的研发，就能减少研发活动与现实经济需要的脱节，提升研发的经济效果与社会效果。特别是在进行大规模的自主创新的当代，企业要冒博弈性的技术研发的投资风险①，因而企业更要自觉地搞好研发的市场导向。市场导向的研发旨在提供具有直接的商业价值或潜在商业价值的研发成果，它们是可投产使用的成熟的新技术，或者是可以进一步开发和在某种商业模式下投产使用的新技术，而不是那种只具有科学价值，但不具有现实经济应用性的技术。实行市场导向的研发，尽管带有追求短期经济效益的急功近利的性质，从而有其局限性，但是它却是企业自主的技术研发固有的特征。

第一，实行市场导向使技术研发面向现实生产的需要和社会的需要。（1）为众多企业迫切需要的新技术手段或为群众所需要的新消费品被开发出来；（2）这些新技术产品创造出新的市场需求；（3）市场需求拉动技术进一步创新和升级。上述（1）→（2）→（3）→（1）……的不断的反复，体现了市场经济条件下技术进步的市场路径。20世纪IBM公司，由商用算术计算器—军用计算机—商用计算机—个人计算机的技术演进，主要体现了市场导向的技术创新路径。这里

---

① 在高技术经济中，进行一项重大技术创新需要庞大的研发资本投入。IBM在1961年为进行计算机360系统的研发投入50亿美元，人们称这种风险极大的研发活动是一种"博弈"。参见：托马斯·K.麦格劳：《现代资本主义》，江苏人民出版社，2006年，第431~443页。

体现了市场的引导和推动技术研发，沿着现实生产发展需要和消费者需要的大方向开展的功能。

第二，实行市场导向使众多主体从事的分散性的、独立的研发活动，得以适应各类企业的多种多样的需要。在微观上，由于研发成果在企业内的"搁置"的减少，有利于节约研发成本，能促使研发活动的持续和扩大，特别是具有商业价值的重要自主技术创新成果的取得，使企业获得超额盈利，它为企业进一步的技术创新、产品升级和结构调整，创造了经济基础。当代世界著名大企业，特别是高技术企业，如IBM、英特尔、微软等，可以说无一不是由于其适销对路，抢得市场先机的技术研发而获得成功的。实行市场导向，在宏观上，意味着尽可能多的科学、技术研发成果得以在生产中使用，转化为生产力，这也意味着市场的科技资源有效配置功能的得到发挥和技术创新总过程中固有的"转化障碍"——由知识产品向经济产品转化——得到缓解。

4. 发展了保障和支撑商品性研发的产权与金融制度

技术研发是一种科学活动，新发明原品是新科技知识——以某种科技原理为基础的技术构想，包括设计、各种技术参数与运算公式。实行技术研发商品化，就是赋予这种技术知识产品生产者以财产权。因为实行技术成果以商品形式交换，买卖双方"必须彼此承认对方是私有者"[1]，"在这里，人们彼此只是作为商品的代表即商品所有者而存在"[2]。为了维护现实生活中很早就存在的技术知识的商品交换关系，走上工业化发展道路的国家，很早就建立了知识产权制度。这一制度规范了技术专利和知识商品的交易秩序，防止了"外部性"强的

---

① 《马克思恩格斯全集》第23卷，人民出版社，1972年，第102页。

② 《马克思恩格斯全集》第23卷，人民出版社，1972年，第102~103页。

知识财产权被"侵蚀"，维护了科技创新者权益。知识产权制度为企业以及其他主体开展商品性技术研发活动提供了法制保障。发达、完备和硬化的知识产权制度，更是当代全面开展的技术创新活动的一项重要制度前提。

现代发达的市场经济很大程度上是信用经济。发达的商品性技术研发离不开银行信贷以及资本市场的力量。发达国家业已形成的发达的金融体系，包括银行信贷、投资基金、风险资本、二板市场等，为当代高技术经济迅速发展提供了强大的金融支撑。特别是风险资本的运行——投入与退出——机制，有力地推动了技术发明的成熟化和商业化，成为推进高技术创新的不可缺少的金融引擎。

现代商品性技术研发和创新体制与机制，还包括政府在引导、支撑和推动技术创新中的积极作用。

（三）市场经济从来离不开政府的作用

20世纪中叶以来发达国家技术创新步伐加快和世纪末叶技术创新高潮的出现，除了更加有效地发挥了市场力量而外，还依靠了政府的力量。亚洲新兴国家，特别是1997年以来韩国信息技术的快速发展，更是有赖于政府功能的有效发挥。

第一，知识产权、科技股权、风险资本，以及二板市场运行等制度的形成，在科技、知识产品生产和交换中防止垄断，保持和维护竞争机制，这些体制结构不可能由市场主体自发的契约蒂结行为而产生，而需要发挥政府的经济、法律制度建设功能，在当代，有效发挥政府立足于经济规律的制度构建和维护功能，即时地进行制度创新和机制创新，将有力地促进自主的技术创新。

第二，技术创新之源是科学发现和知识创新。20世纪末叶涌现出的众多的应用技术创新，是以相对论、量子论、基因论等为标志的科学新发现为理论基础。基础科学研究是非市场性的精神活动，从来是由大学、科研机构来独立进行，这项活动的开展需要发挥政府的职能，要依靠财政力量，将科学基础理论研发作为公共产品来进行生产和向社会提供。

20世纪中叶以来，发达国家特别是美国，政府不断增强对研发的投入，支持大学的基础科学研究，美国成为20世纪自然科学基础理论和技术科学创新成果最多的国家。科学知识的优势，支撑和启动了60年代以来的信息技术革命，使美国由此摆脱了在消费电子、汽车等产业方面一度落后于日本的不利局面，出现了1991~2001年信息产业快速发展带动的十年经济稳定增长。

20世纪末美国信息技术与信息产业快速发展的经历，表明了自然科学基础研究在促进现实经济中的技术创新的重要作用，又表明了政府在组织和支持科学活动、壮大技术创新的科学泉源中的重要功能。

第三，关键技术，特别是决定技术新发展的战略性技术，往往是一个多种相关联技术组成的技术群，它的研究和开发，需要有庞大的资金投入、大规模研发团队，以及科技活动的社会协作。而且，重大关键技术发明获得后，还需要进行形成和增大商业价值的再开发，这一再开发具有不确定性和风险性。这样的关键技术的创造，市场是失灵的，需要借助政府力量，将其作为推进技术进步的基础设施即作为公共产品来进行研发。信息技术的发展经历了政府主导的前期电子计算机技术研发，再进至依靠市场力量的商用计算机技术→家用计算机技术→网络技术的后期发展，关键航天技术如远程航天技术、登月技术等的研发更主要是依靠政府力量。此外，战略性国防手段、公共环保技术、基础公共医卫产品，等等，也属于社会的公共基础设施，是特殊公共产品，其研发和生产也需要发挥政府的作用。对于战略性、关键性技术和技术基础设施的发展，需要政府制定包括研发方向、重大课题、研发活动组织、进度等在内的规划，主要由大学或国家研究机构来进行研发，一些基础设施性质的技术品的生产，还要由政府直接从事或组织实施。

　　总之，基于科学、技术知识创新的精神活动的特点，基于关键性、基础性技术品的公共产品的性质，为了形成快速的技术创新，要求有效地发挥政府的引导、支持和组织等方面的职能。即使是宣扬实行自由市场经济的发达国家，当前实际上都在采取措施，加强政府对科技创新的推动力。发展中国家为了能实现技术的跨越式发展，更加需要充分、有效地发挥政府的职能。①

----

①　第二次世界大战时期，美国政府加强了对军事技术如飞机、收音机、雷达、电子计算机等的研发的支持和直接组织了关键性军事技术品，如大型计算机，原子弹等的研发和生产。上述国防产品研制所依赖的基础理论是从欧洲移植过来，或者是依靠来自欧洲的科学家。第二次世界大战后美国政府开始认识到基础理论滞后对技术创新的制约。美国科技研究发展局局长温尼瓦·布什，刊登在《科学》杂志上的报告中指出："在基础科学方面依赖别人的国家，不管它的机械技术水平如何，其工业发展速度必然慢于其他国家，在国际贸易中也无法获得有利的竞争地位。"（亨利·切萨布诺夫：《开放式创新》，科学出版社，2006年，第37~38页。）美国政府设有科技委员会为政府制定科技政策，布什政府设置科学顾问，其地位相当于副国务卿。美国研发事业的资金中的政府投入，1930年为2.48亿美元，占总投入的6.9%；1940年为6.14亿美元，占总投入的20%；1955年为1797亿美元，占总投入的56.7%；1960年为39185亿美元，占总投入的64.5%；1985年为48 022亿美元，占总投入的47.1%。在美国绝大多数的基础研究是在大学中进行的，第二次世界大战后大学基础研究获得的政府资金不断增大。可以说美国第二次世界大战后实际上开始了政府力量大力介入和支撑自然科学基础理论研发。用经济学语言是：政府主导的自然科学基础知识公共产品的生产。依靠自然科学公共产品生产，加上依靠非营利科研机构（包括大学）和企业的力量进行的研发，这一科技知识研发体系，就能缓解和克服基础科学知识生产中的市场失灵。20世纪下半叶美国的基础研究以及应用研究的快速发展，与政府推动的科技公共产品生产的体制和机制的形成密切相关。实践表明，实行应用技术研发商品化的同时，构建起依靠政府力量的基础科学知识的公共产品生产，能形成适应市场经济要求的科学、技术知识创新体系。

综上所述，技术研发的商品生产与交换体制，以及市场竞争制度，知识产权制度，以及支撑与促进技术研发与投产的金融制度，以及政府促进科技创新的职能，等等，组成了现代商品性技术创新体制和机制。通过体制创新和上述体制和机制的形成和完善，就能激活现代技术结构中内在的互生互促效应，加强技术发明向现实生产的"转化"力，实现强劲而快速的技术创新。

五、技术发展最优路径的形成

我们把技术发展最优路径规定为：在一定的历史时段内，例如在二三十年内，实现技术进步最迅速，技术经济效益最大化的道路和方法。

对技术发展最优路径这一论题，不应只是将其视为是技术经济学的一项研究内容，在科技成为生产力发展的决定因素和高技术促使生产力飞跃式发展的当代，这一论题是政治经济学应该加以研究的，具有重大现实意义。

要实现技术的最迅速发展，须遵循以下规律：

（一）必须遵循技术发展的规律

技术发展规律的本质在于具有内在关联性的技术固有的相互生成和互促效应，后者表现在：（1）同一类别技术内在的技术衍生与促进，即 $A^{1a} \rightarrow A^{2b} \cdots A^{3c}$；（2）不同类别技术之间的相互生成，即 $A^1 \rightarrow B^2 \rightarrow C^3$，或 $B^1 \rightarrow A^2 \rightarrow C^3$。任何一项现实的技术的发展进程，都体现了以上两种技术促进机制的作用，而社会的物质技术体系的演化和发展，也就是多样技术因子的交相促进的结果。

图一：技术演化、发展的一般图式

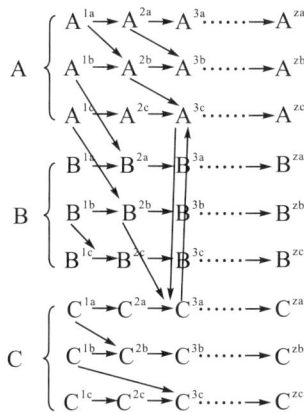

$$A \begin{cases} A^{1a} \to A^{2a} \to A^{3a} \cdots \cdots \to A^{za} \\ A^{1b} \to A^{2b} \to A^{3b} \cdots \cdots \to A^{zb} \\ A^{1c} \to A^{2c} \to A^{3c} \cdots \cdots \to A^{zc} \end{cases}$$

$$B \begin{cases} B^{1a} \to B^{2a} \to B^{3a} \cdots \cdots \to B^{za} \\ B^{1b} \to B^{2b} \to B^{3b} \cdots \cdots \to B^{zb} \\ B^{1c} \to B^{2c} \to B^{3c} \cdots \cdots \to B^{zc} \end{cases}$$

$$C \begin{cases} C^{1a} \to C^{2a} \to C^{3a} \cdots \cdots \to C^{za} \\ C^{1b} \to C^{2b} \to C^{3b} \cdots \cdots \to C^{zb} \\ C^{1c} \to C^{2c} \to C^{3c} \cdots \cdots \to C^{zc} \end{cases}$$

$A^{1a} \to A^{2b} \to A^{3c} \cdots A^{za}$ 表示同一技术类别的内在衍生关系，即技术升级。

1a、2a、3a、za等表示同一技术衍生次数。$A^{1a} \to A^{2b}$、$A^{1b} \to B^{2a}$、$A^{1c} \to B^{2b}$，以及$C^{3a} \to A^{3c}$……，表示不同技术品类间的相互促进。

图一中黑线表示具有内在关联性、有衍生或相互促进可能性的技术。

上述图一表明：（1）社会已研发和使用的是一个由ABC等多种技术因子组成的结构或体系。（2）各种技术因子之间有着直接或间接的关联性，社会技术结构是一个庞大的、由有内在关联性的技术因子组成的网络。（3）一些技术因子之间有着紧密的内在关联性，它表现为技术的衍生或互促功能。（4）增大社会技术因子群，发挥相关联技术的衍生和互促功能，就能实现快速的技术进步。

（二）必须利用关键技术的强衍生和强互促效应

社会现有技术因子群中的一般的交相作用是经常发生的，这种交相促进会在一定的历史时段内实现渐进的技术进步。如16世纪以来西欧工场手工业发展中以手工工具为主干的、包括原材料等要素的交相促进就已经开始发生，并体现在此后200年间手工工具的专门化，专业工人的技艺等的缓慢进步上。技术的量变的积累，最终会导致技术质变，后者开始于某一关键技术突破性的发展，它带来强劲的技术直系衍生和相互促进效应，并引起快速的技术升级。18世纪末的蒸汽发动机的发明，实现了作为近代工业化关键技术的动力机的质变，带动了包括传动机、工作机以及生产工艺等一系列技术的新变革，由此在数十年间实现了社会经济由手工技术向工业技术的升级。19世纪末电力的发明引起电力技术和机械技术全面的发展，促进了工业技术的又一次升级。20世纪末开始的高技术时代，关键技术的衍生力和相互促进力进一步增强。作为重大关键技术的信息技术的纵深发展，引发了当代多门类高技术的快速发展，促进了传统工业技术的升级，这一切体现了关键技术促进技术进步的重要功能。

图二：关键技术带动的技术发展

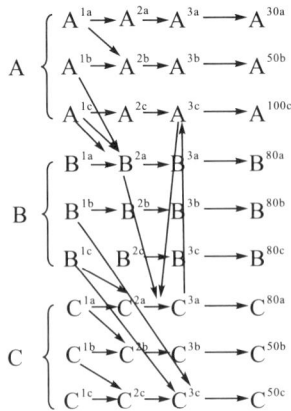

$$
A\begin{cases}
A^{1a} \to A^{2a} \to A^{3a} \longrightarrow A^{30a} \\
A^{1b} \to A^{2b} \to A^{3b} \longrightarrow A^{50b} \\
A^{1c} \to A^{2c} \to A^{3c} \longrightarrow A^{100c}
\end{cases}
$$

$$
B\begin{cases}
B^{1a} \to B^{2a} \to B^{3a} \longrightarrow B^{80a} \\
B^{1b} \to B^{2b} \to B^{3b} \longrightarrow B^{80b} \\
B^{1c} \to B^{2c} \to B^{3c} \longrightarrow B^{80c}
\end{cases}
$$

$$
C\begin{cases}
C^{1a} \to C^{2a} \to C^{3a} \longrightarrow C^{80a} \\
C^{1b} \to C^{2b} \to C^{3b} \longrightarrow C^{50b} \\
C^{1c} \to C^{2c} \to C^{3c} \longrightarrow C^{50c}
\end{cases}
$$

图二表明：（1）技术的衍生和互相促进功能是普遍存在的，众多技术因子的交相促进，推动了社会技术结构的演化、发

展；（2）一些技术拥有强衍生力和互促力，即强带动作用。图中 $A^{1c} \rightarrow B^{2a} \rightarrow C^{3a} \rightarrow A^{3c} \cdots \cdots \rightarrow A^{100c}$ 是一条最长的技术促进与衍生路线，表明 A^{1c} 有着强内在衍生力和强相互促进力，后者表现于 A^{100c}，$B^{80a}C^{80a}$，即 A^{1c} 对 $B^{2a}C^{3a}A^{3a}$ 等技术的促进，引起这些技术的更多次的升级。这种拥有强内在衍生力和互促力的技术就是关键技术。在一定时段内对全面技术进步有最强大促进力的关键技术，即战略性技术，如果人们能寻找和取得战略性技术的突破，并且充分发挥它的促进功能，就能实现技术的快速进步。

（三）必须遵循技术发展的经济规律

当代技术创新主要表现为商品性技术创新。企业从事的技术研发体现的是商品生产关系，研发成果表现为高技术含量商品或生产高技术含量商品的手段，因此，新发明的创造及其投产使用要从属于价值规律的要求。更具体地说，新技术品（发明）必须具有商业价值，能给开发者和生产者带来经济效益。如果新发明不具有商业价值，即使有再先进的技术性能和使用效果，也不可能被企业采用，转化为经济的生产。可见，在市场经济条件下能成为现实的技术发展不只是要遵循技术发展的规律，还要遵循商品经济的规律，要走一条技术发展的市场路径。

就计算机技术来说，经历了由单晶硅技术→晶体管制作（电路刻录等）技术→计算机集成技术→大型电子计算机研制这一系列阶梯，体现计算机技术发展规律的这一初始的研发活动，由于缺乏商业价值，只能依靠非市场机制，在大学或国家实验室中进行。美国最早的大型电子计算机的研制是由国防部支持和组织的。20世纪40年代大型计算机技术的突破，有如触媒一样，启动了此后计算机技术创新的商业化进程：国防计算机技术→商用计算机技术→个人计算机技术→网络技术。正是这一计算机技术发展的市场路径，实现了20世纪末的声势浩大和影响深远的信息革命。当代世界信息技术的发展进程表明：要形成经济生活中现实的技术创新，创新主体既需要适应技术发展规律的要求，还需要适应经济规律的要求。如果人们能构建起某种使二者有机结合的体制和机制，就能实现技术发展最优化：以更少的社会成本获得最大的技术进步[①]和最大经济效益。

图三：技术发展的市场路径

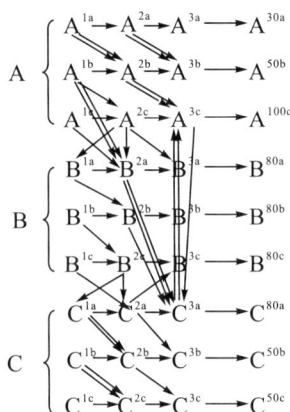

$$
\begin{array}{l}
A \left\{
\begin{array}{l}
A^{1a} \rightarrow A^{2a} \rightarrow A^{3a} \longrightarrow A^{30a} \\
A^{1b} \rightarrow A^{2b} \rightarrow A^{3b} \longrightarrow A^{50b} \\
A^{1c} \rightarrow A^{2c} \rightarrow A^{3c} \longrightarrow A^{100c}
\end{array}
\right. \\
B \left\{
\begin{array}{l}
B^{1a} \rightarrow B^{2a} \rightarrow B^{3a} \longrightarrow B^{80a} \\
B^{1b} \rightarrow B^{2b} \rightarrow B^{3b} \longrightarrow B^{80b} \\
B^{1c} \rightarrow B^{2c} \rightarrow B^{3c} \longrightarrow B^{80c}
\end{array}
\right. \\
C \left\{
\begin{array}{l}
C^{1a} \rightarrow C^{2a} \rightarrow C^{3a} \longrightarrow C^{80a} \\
C^{1b} \rightarrow C^{2b} \rightarrow C^{3b} \longrightarrow C^{50b} \\
C^{1c} \rightarrow C^{2c} \rightarrow C^{3c} \longrightarrow C^{50c}
\end{array}
\right.
\end{array}
$$

[①] 技术研发和创新的单纯市场路径有其固有的局限性，需要发挥政府的职能，来进行引导和加以校正，从而使技术创新适应客观规律的要求。美国研发费用中政府投入的比重20世纪30年代在20%以下，40年代急剧提升，50年代占50%以上。政府支持和促进的计算机技术，推动了60年代以IBM公司为首的商用计算机的研发和生产。1960年IBM公司对计算机研发的投资达70亿美元。70年代以来IBM、英特尔等公司开始了个人计算机的研发，1981年IBM开始批量生产个人计算机，由此推动了个人计算机技术→网络技术→移动通信技术的市场发展路径。由于这一市场路径适应了计算机技术发展路径的要求，它带来了20世纪末快速的信息技术进步和快速的信息经济发展。

图中的黑线"→"，表明具有内在关联性，能对其他技术因子起促进作用，即能引发某一新发明的技术。这一新发明由于缺乏商业价值，或尚未寻找出适合的商业模式，它只是知识形态或样品形态的技术，未能转化和实现为实在的技术创新。这种情况意味着技术互促和演化的断裂，出现了技术知识的"转化障碍"。图中的黑双线是既具有技术、关联性又具有经济效益性从而在现实经济中得到实现的技术发展路径。

上述图表明：（1）技术具有多方面的内在关联性，某一技术研发新成果会引发一系列新技术成果的产生；（2）知识形态的技术成果需要投产使用，转化为现实的生产技术以及新产品，由此完成和实现一轮技术创新；（3）在市场经济中只有具有商业价值的新技术，才能实现"转化"——由知识形态的技术向物质形态技术转变——，成为实现了的生产技术和持续发挥技术促进的功能。

图三中的双线 A^{1a}—A^{2b}，A^{2a}—A^{3b}，A^{1b}—B^{2a}—C^{3a} 等，是既遵循技术发展演化规律又遵循商品性技术创新的经济规律，从而能获得实现的技术发展路径。

（四）关键技术的突破以及完善的商业化开发，起着倍加的现实技术促进效应

图三中，A^{1b} 是关键技术，A^{1b}—B^{2a}—C^{3a}—B^{3c}—B^{3b}—B^{1b}—A^{3c}—A^{100c}，是最长的技术促进和演变系列，它意味着 A^{1b} 发生了最大的技术生成和互促效应，这一增强了的技术促进力表现在 $A^{100c}B^{80a}B^{80b}B^{80c}C^{80a}$ 上，即 A^{1b} 技术引发了 $B^{2a}C^{3a}B^{3c}B^{3b}B^{1a}$ 等众多技术的变革和更多次的技术升级。可见，适应技术发展规律要求和经济规律要求的关键技术的创新，既能带来最快速的技术进步，又能实现最大技术经济效果。

六、依靠技术发展规律和经济规律，自觉推进我国技术创新

（一）把握当代世界发展大趋势，走依靠科技力驱动的发展道路

处在第三次技术大飞跃的时代大背景下，为了贯彻落实科学发展观，实现中国新时期的经济跨越和社会全面进步，我们需要进一步贯彻落实科教兴国战略。要将加快科技发展作为战略重点，大力开展自主创新，切实搞好以技术创新为依托，转换增长方式，创新发展模式，走一条依靠科技力驱动的发展道路。

（二）增大科学、技术积累，强化科技体系（结构）的要素互促、互生作用

当代技术创新，是一场高技术革命，这一场技术大变革有其内在的机制和规律性。（1）它体现了当代自然科学的强技术开发效应。正是相对论、量子论、基因论等基础科学新发现，开发和推动众多应用技术科学的发展，最终引领和促使信息、生物、纳米、航天、海洋等高技术的出现和发展。（2）它体现了重大关键技术的强联动效应。其典型例证是20世纪中叶以芯片为主轴的计算机技术的突破，启动了信息技术的多次衍生和引发演化出众多高技术的发展。（3）它体现了多种高技术的互促效应。从20世纪末迄至当前，不断地在深度和广度上开展，生动地体现了日益增大的技术因子群固有的互促、互生作用。

以上论述表明，为了推动我国技术快速发展，必须依靠科技发展的规律，首先要致力于提高国家的科学水平和知识积累，切实增强科学向技术的转化力。其次，要采取有效措施，务求取得重大关键技术研发的突破，充分发挥关键技术的强联动效应，形成和强化广大经济

领域中技术因子的互促、互生作用。

（三）坚持体制创新，构建中国特色的社会主义商品性技术创新体制

当代科技创新是以一定的经济体制和机制为依托而开展的。生气勃勃的科技创新总是体制所激活的科技内生力与经济机制力的交融与互动的体现。

在历史发展的现阶段，完善的市场体制与机制，不仅推动物质生产，也推动技术研发和创新。为了加快推进我国的技术创新，要大力构建适应社会主义市场经济的以企业为主体、市场为导向、产学研相结合的商品性技术创新体制。

要大力深化国有企业改革，进一步推进产权改革，健全法人治理结构，完善分配制度，增强激励机制，切实增强企业活力与自主创新的动力和实力，着力培育一批引领技术创新的国家队。要大力进行和搞好包括知识产权制度、科技股权制度、风险资本、二板市场、技术市场等在内的制度构建与创新，充分发挥市场促进技术创新的基础性作用。

完善的制度构架还包括政府的引导、组织、支持企业进行自主创新的职能，特别是政府的组织技术公共产品的研发和生产的职能。社会主义制度拥有发展科学、技术公共产品的优势，在完善国家科研院所和大学研究体系的基础上，搞好政府主导的科技公共产品——包括基础科学产品和关键技术产品——的生产和供应，能有力地支持和促进企业的技术创新。要通过全面的体制安排与创新，形成中国特色的社会主义商品性技术创新体制，充分依靠这一体制，就能在全社会范围内激发出普遍的技术研发和创新热潮，使技术生产力获得解放，实

现技术快速发展。

（四）要加强对当前世界科技发展的理论研究

20世纪末叶，肇始于发达国家的快速的技术创新，无疑是当代具有重大意义的事件，对这一新实践需要做出马克思主义的理论阐明。为此，需要对下列问题进行深入而细致的研究：

第一，以发达国家为主阵地的这一场技术创新的高潮是怎样产生的？它能否持续？何时会出现"退潮"？是否有技术创新周期？技术创新周期与经济周期的关系是怎样的？技术创新衰退将带来什么样的经济后果？

第二，相对论、量子论、基因论等基础理论重大突破是如何取得的？自然科学新理论如何启动了20世纪后期应用技术理论的大发展？当前世界自然科学理论创新的状态及其前景为何？是否会出现基础理论研发走下坡路的状况？当前应该如何强化基础研究以增强其应用技术研究的推动效应？

第三，在当代为了有效地推进基础研究和推进科学、技术知识向物质生产的转化，需要依靠怎样的体制与机制创新？

第四，当代高技术产业产生、发展和演变的规律及其前景。

第五，当代科技发展路径的形成、性质，科技发展的最优路径形成中市场的作用与政府的功能。

第六，新兴国家发展高技术的经验。不发达国家实现科技跨越式发展的道路。

第七，当代科技革命在推进经济、社会发展、群众生活方式变革和社会制度变革中的作用。

第八，现代科技发展中的伦理问题。

以上八个问题，可以归结为当代科技发展研究。这是一项新的研究课题，它涉及的领域，需要回答的问题，超过了现有科学学、科学史、自然科学哲学、技术经济学、生产力经济学以及自然辩证法等现有学科。这一研究是为了揭示当代科技发展的规律和科技转化为现实生产力的规律，探索有效地发挥科技力造福于全人类的方法和途径。这是一项跨越自然科学和社会科学，带有宏观性、理论性和前瞻性的研究，应该将它作为一门新的学科。在科技快速发展、深刻地影响和有力推动世界经济发展、社会变革的当代，为了深入了解和准确把握当今世界科技发展趋势，特别是为了更好地规划和推动我国科技的发展，寻找我国技术发展最优路径，我们迫切需要进行这一项理论研究，也需要形成这一门新学科。国家自然科学基金和社科基金应重视和推动这一项研究，重点大学更有条件来进行这一项研究和新学科的构建，理论经济学工作者更可以在这一研究发挥作用，并将有关解放和发展科技生产力的理论创新用来丰富马克思主义中国理论经济学体系。

依靠科技进步和创新，加快发展方式转变①

　　"十二五"规划建议提出："十二五"时期是我国加快转变经济发展方式的攻坚时期，要坚持把科技进步和创新作为加快转变经济发展方式的重要支撑。贯彻好这一精神，我们要进一步深化"科学技术是第一生产力"的理论认识，采取切实有效的政策措施，在各行各业大力开展科技创新，促进产业升级，优化产业结构，坚定不移地走科技含量高、效益好、物耗低、污染少的可持续发展之路。

　　当今世界处在科技革命向纵深开展，科技强有力地促进经济、社会发展的时期。当代科技进步的特点是：科学知识不断取得突破性进展，高技术快速发展和不断创新，国民经济众多领域中技术快速进步。特别是后金融危机时期的经济一方面内在孕育和促进技术创新，另一方面倒逼世界各国政府致力于强化本国科技战略规划，加快推进科技创新成果的应用转化，培育新的经济增长点和新产业：美国奥巴马政府提出和实施以新能源技术带动绿色产业和提升教育科技水平的政策；欧盟加强政策扶持力度，发展绿色能源以巩固其"绿色技术"

---

①　原载《经济研究》2010年第12期。

的全球领先地位；日本则制定了立足于大力发展节能和新能源技术、适应21世纪世界科技创新要求的四大战略性产业的规划……可见，一场世界性的科技创新与争夺发展制高点的角逐正在开展。切实加快科技创新和产业升级，奋力推进由"中国制造"向"中国创造"的进程，实现发展方式的转变就成为我国新时期经济工作的迫切要务。

科技新知得以应用于生产和实现向物质生产手段的转化，需要有能够有效激励、推动这一转化的经济体制和机制。一般地说，新技术使劳动生产率更高，能带来一个产出增量。但采用新技术需要付出追加成本，因此，只有新技术能生产出超出其成本的净产出，使生产者获得收益时，他才愿意用新技术来取代原有技术。因此，科技创新需要有物质利益驱动，从而需要有能够发挥利益驱动功能的科技创新体制和经济机制。社会主义市场经济体制下，要快速、持续、全面地推动科技创新，必须充分依靠市场的基础性力量和有效发挥政府的功能。依靠市场力量就是：实行一般科技研发和成果商品化；形成以企业为主体，以市场为导向，以知识产权、技术产品市场、信贷和资本市场等为必要的制度支撑。依靠上述市场性体制，将带来和形成技术创新激励机制、竞争机制和市场导向机制，以及支撑技术研发的金融机制。有效发挥政府功能就是：发展教育事业，夯实人力资源基础，推进科研事业发展，有计划组织和开展好基础性科学研究和战略性技术创新研发，建设和壮大公共技术基础设施。在社会主义条件下，努力探索和形成既能充分发挥市场力量又能有效发挥政府功能的科技创新制度和经济、社会机制，就能全面激活主体的科技创新积极性，加快科技发明向现实生产力的应用转化，实现强劲而快速的技术进步。

新中国成立之后尤其是改革开放以来，我国在推动科技进步中取得了不少成果，在一些领域内实现了科技重大突破。从"两弹一星"

研发成功到实现"嫦娥奔月",是我国科技事业跨越式发展最亮丽的篇章。特别是近30年来市场机制的引进,激励了国民经济大范围内的创新和企业产品的升级换代,以及产业竞争力的提升。华为、中兴、海尔等明星企业成为依靠技术创新推动产业升级的标兵。但总体上说,我国产业技术层次不高,产品附加值低,具有自主知识产权的产品少。目前我国专利申请量和授权量呈快速上升趋势,截至2009年年底,累计专利申请总量已突破582万件。与之不相称的是:我国专利技术转化率平均不到15%,专利推广率在10%~15%左右。而发达国家的科技成果转化率高达70%~80%。微观层面上,市场主体包括国有大中企业科技研发设施落后,创新积极性不高,自主创新能力薄弱。

中国已经是经济总量居世界第二的工业大国,但在发展中面对着技术发展慢、水平低,资源耗费多,盈利能力弱,缺乏核心技术等问题与顽症。技术进步缓慢,不只是由于创新意识的薄弱,从根本上说,是由于能有效促进技术创新的体制构架和经济机制未能形成。生气勃勃的科技创新总是体制所激活的科技内生力和经济机制力的交融与互动的体现,这就要求我们立足于当代科技创新的客观规律,深化改革,大力推进体制机制构建与创新。

第一,技术创新是一个以技术研发为起点、以物质生产手段和方法创新为特征、以新产品创造为归宿的连续过程,它需要经历技术研发、创新、入市、培育到成熟等一系列阶段。在以新技术引领的高技术产业的成长过程中要处理好技术引进、吸收和创新的关系,既重视原始创新,也注重集成创新。一方面应看到重要产业和领域的核心技术是无法买来的,必须依靠走自主创新之路,着力营造和改善自主创新环境;另一方面要继续发挥我国市场规模巨大的比较优势,广泛而多渠道地吸收全球科技资源和创新成果,进一步搞好引进、吸收和再创新。

　　第二，"十二五"规划提出要大力培育发展战略性新兴产业，并以节能环保、新一代信息技术、生物、高端装备制造、新能源、新材料和新能源汽车7大产业作为主攻方向。从产业特征上看，高技术产业特别是新兴产业的特点是：初始投资高，技术不成熟，市场风险大。这就要求加强风险金融的支撑和国家扶持，推进金融创新，发展包括银行信贷、投资基金、风险资本、二板市场等在内的金融支撑体系。特别是通过完善风险资本的运行——投入与退出——机制，使其成为推进战略性新兴产业技术创新强有力的金融引擎。

　　第三，立足于企业，加快构建以企业为主体、市场为导向、产学研相结合的技术创新体系。企业是市场体制的微观主体，是当代技术创新的主要经济载体和技术发明的主要策源地。要大力深化国企改革，进一步推进以现代企业制度为目标的企业改革，切实增强企业活力和自主创新的动力和实力。要切实增大资金和人力资本投入，建立起强大高效的企业研发机构，完善创新激励，包括科技股权机制。当前要着力培育一批引领技术创新的国家队和主力军，充分发挥骨干企业在科技创新中的辐射效应。同时，要加强科技创新合作体制的构建，加快建立并优化产学研之间的科学技术转移机制，不断提升产学研科技创新合作体系的运行效率。

　　第四，当代科技创新是由企业、科研机构、个人等多样主体开展的科技研发活动，科技成果作为商品在市场中交换，必然形成研发活动中的竞争。竞争是科技进步的强大动力。要在科技产品生产和交换中防止垄断，维护竞争机制，坚持市场导向，推动开放式自主技术创新，强化市场对科技资源的合理配置和有效利用功能。要强化知识产权保护，落实按要素分配，发展和完善技术市场，切实维护创新主体的经济利益。通过构建内在利益驱动和外在竞争压力双重机制，着眼于技术创新主体尤其是企业创新活力的发掘和提升，形成市场主体间你追我赶的、互竞互促的生气勃勃的科技创新热潮。

第五，对于非竞争性领域的科技进步，要加强政府的引导、规划和扶持，有效发挥政府促进科技创新的功能。在当前要实行鼓励自主创新的财税政策，特别要加强对包括民营企业在内的强势企业重大技术创新的财政、信贷支持。基础科学研究是非市场性活动，要发挥政府职能，把它作为公共产品来进行生产和向全社会提供；战略性、关键性技术的研发具有不确定性和风险性，属于市场失灵领域，更需要借助政府在研发方向、重大课题制定、研发活动中分工协作组织以及实验室设施建设等方面发挥主导作用。

以科技创新促转型稳增长①

    十八大报告中提出了一条以科技创新为核心，加快发展方式转变，促进持续增长，实现富民强国的发展战略。理论与实践证明科技创新是现代经济社会进步的"原动力"，目前，世界正处在一个从未有过的科技强有力地促进经济社会发展的新时期，把科技创新摆在国家发展核心地位，探索和走出一条更多依靠科技力来促增长之路，是实现我国两个一百年发展目标的最佳战略抉择。为此，（1）摒弃高速低质的传统增长思维，走依靠科技支撑的质量提高型的发展之路，加深对"科学技术是第一生产力"的马克思经济学原理的认识，立足于中国实际构建"多层次"科技创新体系，切实转变片面追求GDP的传统观念，进一步明确走质量提升型发展的重要性。（2）深化改革，充分立足于发挥市场机制基础性作用，构建起市场性的科技创新机制，切实搞好"专利制度"，促使企业成为自主创新主体，加强科技创新的金融支撑。（3）有效地发挥政府的功能，特别是在关键性、基础性、

---

① 原载《经济学家》2013年第11期。另见《强化科技支撑，提升发展质量，保障持续增长》，载《十八大后十年的中国经济走向》，广东经济出版社，2013年，第89～101页。

战略性的重点科技领域，要实行政府主导的跨越式的创新模式。

一、引　言

十八大高度重视科技创新，报告中强调以"科技创新"作为"提高社会生产力和综合国力的战略支撑"，指出科技创新"必须摆在国家发展全局的核心地位"，要求着力实施创新驱动发展战略，"以全球视野谋划和推动创新……把全社会智慧和力量凝聚到创新发展上来。"贯彻好这一精神，我们要进一步深化"科学技术是第一生产力"的理论认识，把握当今世界科技促发展大趋势，切实推动科技创新，加快转变发展方式，提升发展质量，保障持续增长。

二、着力科技创新，加快转换发展方式

党的十八大站在21世纪时代高度，以全球视野分析世界发展形势和我国新时期面对的新问题和新挑战，阐明了当前我国发展仍处于可以大有作为的重要战略机遇期，提出了一条以科技创新为核心，加快发展方式转变，促进持续增长，实现富民强国的发展战略。

改革开放30多年来，我国进行了由计划经济向社会主义市场经济的成功的体制转型。社会主义市场经济体制焕发出强大活力，带来和实现了史无前例的经济大起飞奇迹。2012年GDP达51.9万亿元，居全球第二；34年来GDP年均增速9.9%，人均GDP由190美元到6100美元；2012年进出口贸易总额38667.6亿美元，位居世界第二；基础设施飞跃发展，高铁运营里程9356公里，居世界第一。经过30多年快速增长，中国已经由原先的经济不发达国家，一跃成为中等发达国家，成为引

领世界经济发展和影响政治、社会走向的大国。

中国30多年以来经济大起飞的路径是：

第一，构建和依靠市场经济体制，调动全民创业活力，国有经济快速做大，民营经济遍地开花。截至2012年，已有54家国企进入世界500强，民营企业贡献占GDP的70%，成为支撑当前经济增长的主要力量。

第二，利用高储蓄，实现投资快速增长。近年来中国居民储蓄率已超过50%，投资贡献率达到50%以上，基础工业和基础设施大建设成为发展的强劲动力。

第三，发挥劳动密集经济的比较优势和人口红利功能，吸引国外投资。1979~2008年30年中国累计实际利用外资逾8000亿美元，2003~2008年年均实际利用外资更是超过600亿美元。加工制造业获得飞速发展，中国成了"世界工厂"。

第四，充分利用了全球化条件下外贸对经济的拉动作用。1978~2012年我国商品进出口额增长了187倍，其中出口总额增长了99倍。截至2012年中国出口总额占全球贸易份额由不到1%提高到11.1%，已连续4年成为世界货物贸易第一出口大国，出口拉动成为增长的强劲动力。

可见，中国的改革开放，启动了一轮立足于劳动密集型和低技术层级产业的"数量扩张型"的发展，实现了第一轮举世瞩目的高增长，出现了34年平均9.9%的高增长率，2002~2011年年均10.7%的特高增长率。

2008年爆发的国际金融危机带来我国外贸环境恶化，进出口下降。劳动密集型企业首当其冲。2009年春季以来沿海地区众多出口加工厂纷纷倒闭。国有企业也呈现产能过剩。在政府出台4万亿投资的刺激计划下，中国保持了经济稳定，但GDP增长率放慢，2012年增长7.8%，创1999年以来13年内最低水平；财政收入增速下降，2012年仅增长12.8%，为3年来最低点；近年来房地产处于"滞胀"，银行不良贷款压力增大，股市不振等成为发展中的困扰。

中国仍面对良好的发展机遇期，将在今后20年保持不断的增长和拥有世界上较高增长率。但当前国际金融危机的阴霾尚未散尽，世界经济仍处在长复苏之中，面对着诸多不确定性。此外，各国产业结构与出口结构也正发生新调整。国内面对着消费率低、内需动力不足，经济结构不合理、质量效益不高，以及人口红利功能弱化、资源不足、生态严重恶化等问题。上述情况决定了中国经济高速增长时期的结束。因应国内外发展环境和条件的变化，十八大提出了我国新时期着力深化改革，切实加快转型的方针，要求实行在动力上由过去的投资、出口为主动力到消费、投资、出口协同拉动的转变。特别要大力推进科技创新、产业升级，实行由数量扩张型发展向质量提升型发展的转变。

1979年以来30多年的高增长是我国新经济体制巨大活力和国家增长巨大潜力的表现。但它毕竟是中国这样的原先经济不发达大国改革初期具体条件的产物。随着经济基数的加大和各种生产资源的供求状况的变化，增长速度会趋于下降。应该说在后国际金融、经济危机时代，在国内外新的情况下，我国双位数的高增长时代已经结束。我们应当审时度势，将发展重点与核心，由数量转向质量，由产值转向效益，由体量转向实力尤其是竞争力。特别是要树立起协调、长期、稳定的全面发展和持续发展观，争取实现20年平稳的质优中速增长，而不能追求粗放式的高速度。

何况，GDP高增长并非发展的目标。实践一再表明：粗放型工业经济的高速增长，更会加剧资源耗竭、环境生态恶化等负面效应。另外，国民收入过多地使用于投资，会排挤消费，压制消费需求的增长，带来内需不足。建设资金过多投入工业与基础设施，会挤压社会公共事业的发展，造成发展的失衡。特别是粗放型的产业结构和生产链，劳动生产率低、产品技术含量低、效益小、而资源耗用大。这种粗放型扩张是不可持续的，它越来越不适应当今走向高技术经济时代的要求。

据统计，我国制造业劳动生产率水平仅为美国的4.38%、日本的4.37%和德国的5.56%；从中间投入贡献系数看，1单位价值中间投入仅获0.56个单位新创造价值，相当于发达国家平均水平的一半；从效益上看，能源消费弹性系数快于GDP，2010年单位GDP能耗达到世界平均水平2.2倍。与之对应，能源资源需求快速上升，2012年原油对外依存度高达56.4%，创历史新高。资源过度耗费导致了环境恶化，近期国内雾霾现象证明空气严重污染，并付出了高昂代价。亚洲开发银行报告显示：我国空气污染每年造成的经济损失，基于疾病成本估算相当于GDP的1.2%。

可见，新时期的国内外新情况，要求我们更加重视增长质量，致力于加快发展方式转变，为此要大力推进科技创新，搞好产业升级，走质量提升型发展之路，实现资源节约型、环境友好型的可持续发展。这是一场新的经济大变革，包括经济结构的大调整、物质技术基础的大提升、国际经济的大调适。

三、科技创新：现代经济社会进步的"原动力"

世界近现代的经济社会发展，是由工业和科技所推动的。在市场机制作用下，科技不断转化为生产力，科技创新由此成为经济发展的强有力引擎。

1770~1820年，英国启动了以蒸汽技术和机器使用为特征的第一次工业革命。在市场经济机制的推动下，蒸汽技术迅速转化为生产力，产生了机器大生产与工厂制度，纺织、机械等产业迅速壮大，成为主导产业。工业革命催育出巨大的工业财富，马克思说：资本主义在不到100年的时间里创造的生产力"比过去一切世代创造的全部生产力还要多，还要大。"①

19世纪末20世纪初，产生了第二次工业革命。以电力广泛应用、内燃机和新交通工具创制、新通信手段发明为标志。这一时期，工业重心由轻纺工业转到重工业，出现了电气、化学、钢铁、石油、汽车、飞机等现代大工业部门，新技术使工业经济发展到更高阶段。

20世纪中叶以来，科学、技术研发呈现出在广度和深度上加快发展，特别是1980年代以来，出现了一场以信息技术为代表的高技术领域——包括信息技术、新能源技术、新材料技术、遗传工程、航天技术和海洋技术等众多领域——的革命。

信息与高技术革命是工业化以来的科技革命高峰。这次科技革命极大地推进了生产力发展和经济体制创新，加强了产业结构非物质化和生产过程智能化的趋势，推动了20世纪末世界的一次新的经济组织转型：由传统工业经济向高技术经济——包括信息产业、生物产业、新材料产业、航天产业等——的转换。新兴高科技产业已成为西方发达国家主导的产业。

当代高科技经济和现代新兴产业的出现，其意义不能低估：

---

① 马克思、恩格斯：《马克思恩格斯选集》第1卷，人民出版社，1972年，第256页。

第一，高技术（high technic）是立足于20世纪科学新突破——相对论、量子理论、基因理论等——新的基础之上，是对物质（包括生命体）的深层结构蕴含的自然力的自觉利用，从而体现为一种最强大的生产力。这种深层自然（及生命体）力通过科技知识密集型的新生产方式被释放出来，成为造福于人类的现代财富。

第二，高技术经济使劳动生产率和效益大幅提高，促使资本快速积累，出现了技术、知识密集型企业快速增长。微软、苹果等白手起家，30多年来成长为产值过千亿美元的特大企业。高技术企业的扩大再生产，引发更多风险投资的投入，扩大了投资需求；适应科技经济扩大的需要，消费服务业也相应扩大；多方面的产业扩展，增加了就业，特别是增大了创新型人才的就业机会。

第三，高新科技产品，以其高使用价值和性价比，刺激和创造出新消费需求。

第四，高技术经济通行着"摩尔法则"式的不断地技术创新和产品升级。另外，信息等高技术大规模引入传统产业，促进了传统工业生产的创新。

第五，科技创新成为最强有力的引擎，推动着经济的发展。20世纪末叶的这一轮科技创新，使二战后内在矛盾不断深化的西方资本主义大国获得了生机，并保持了一段相对稳定的增长。

第六，信息、知识经济使一般新技术可自由传播，成为通用的"社会生产力"。有效地发展和利用信息网络等新技术，将为不发达国家争取跨越式的发展提供可能。

第七，高技术在社会生活各个方面的普遍应用，促使人类由工业社会转变为科技知识社会，进一步发展了现代化和现代文明。

综上所述，21世纪，高技术成为"现代最新生产力"，发达国家正在向科技知识经济迈进，世界正处在一个从未有过的科技强有力地促进经济社会发展的新时期。就我国来说，加大力度，发展科技，推动高科技经济的发展，并且将高新技术引进和提升传统工业生产，既是时代的要求，也是我国发展新时期现实的需要。

四、当今世界处在新科技革命的前夜

（一）金融危机阴霾不断但科技创新势头强劲

1. 危机驱动创新

2008年发生的国际金融经济危机，沉重打击了西方资本主义大国，造成金融活动大紊乱、生产萎缩、失业增长，引发社会动荡，也冲击着不发达国家和新兴经济体，造成这些国家外贸下降，国外市场萎缩和增长减速。危机从来会推动技术创新，促使经济结构调整和产业升级。

2001年美国网络危机后，信息技术的革命并未止步。2008年危机爆发以来，美国信息公司加强了技术创新的势头。乔布斯推出的苹果手机iPhone和iPad持续热销，iPad近两年已实现1亿台的总销量，iPhone在过去5年也实现了2.5亿部的总销量。技术创新使苹果公司资产"飚增"，公司实现高盈利，2011年第四季度盈利增长115.2%。苹果的优异业绩还拉动了全美股市市值增长和支撑了美国经济的复苏。标普500指数2011年上升1.55%，但若没有苹果只会上升0.47%。2012年一季度美国科技行业营收预计增长6.7%，去除苹果后仅上升2.3%。

布莱斯通描绘了2011年硅谷的兴旺景象："在硅谷2011年的狂飙突进让人出乎意料，高失业率，负债累累，硅谷统统没有……硅谷是一个别样的世界，一个繁荣的泡泡，这一点在2011年体现得尤其淋漓尽致。餐馆订不到位，高速路水泄不通，公司钱多得花不完。"作者也说："在深陷金融与经济危机的美国，硅谷仍然会出现这样一个黄金年代，让人们忍不住要带点质疑的眼光去看待，也许和20世纪90年代那次繁荣一样转瞬即逝。"但作者指出，"这次硅谷的乐观情绪似乎有更坚实的基础"，这就是苹果、微软、谷歌等高技术企业卓有成效的技术创新和扩产①。

2. 政府推动力增大

国际金融经济危机宣告了20世纪80年代以来美英等国盛行的新自由主义的失败。为了摆脱危机，各国政府加强了经济调控功能，采取财政税收措施，促进复苏与就业，特别是扶持与推动技术进步，培育新的经济增长点。政府着力推进科技创新成为世界大趋势。

奥巴马政府力图通过推动新能源为核心的技术创新。2009年出台《美国复苏与再投资法案》（ARRA），总额7870亿美元的经济刺激方案中，1000亿美元用于支持能源、医药、环境保护和新技术领域的科技创新（包括多项针对新能源行业的税收优惠、补贴和贷款担保）；720亿美元直接投资再生能源研究和生产、能源效率项目、环保车辆制造、智能电网技术和环保职业培训等。其后，美科技政策办公室发布《奥巴马总统的创新战略》，提出加大基础领域创新研发投资，发展先进信息技术生态系统，加速国家重点项目突破开发（包括开发新能源、新医疗技术和新型汽车生产等）。近年来美国依靠水压破裂技术和水平钻井技术结合新技术，使页岩油产量爆发式增长。美能源信息署统计，2012年美国页岩油日产量达72万桶，相当于其国内石油日产量的12.5%。原油对外依存度大幅下降，2017年美国将取代沙特成为全

① Brad Stone：《现时现地：硅谷的黄金时代》，《商业周刊》2012年第1期，第68~71页。

球最大产油国，在2035年左右实现能源自给自足。

欧盟则把发展重心放在开展低碳环保技术研发促进新经济的发展。2008年《欧盟能源技术战略计划》鼓励推广包括风能、太阳能和生物质能源技术在内的"低碳能源"技术。2010年欧盟实行《欧洲2020战略：实现智能、可持续性和包容性增长》战略，确立了以知识型、低碳型、高就业型经济为基础的未来10年欧盟经济增长新模式，制定绿色经济新战略计划，推动技术研发和创新，建立能源可持续利用机制。此外，韩国政府制定了《新增长动力前景及发展战略》，将绿色技术、尖端产业融合、高附加值服务等三大领域共17项新兴产业确定为新增长动力。日本推出《绿色经济与社会变革》政策，强化"绿色经济"，重点发展新能源、信息技术应用、新型汽车、低碳产业等。新兴国家也纷纷加强了对科技创新的政府扶持。政府的推动成为当前世界科技创新的新动力。

可见，尽管当前西方资本主义内在矛盾空前深重，世界经济复苏进程缓慢，发达国家经济处在艰难的自我调整之中，但发达国家的科技创新不曾停步，以科技调结构、促增长，成为后金融危机时代世界经济发展的明显趋势。

（二）世界处在新的科技革命前夜

1. 科技创新是时代大需求

科学技术的重大突破离不开经济社会发展的需求。恩格斯说："社会一旦有技术上的需要，则这种需要就会比十所大学更能把科学推向前进。"[①]内生于经济和社会的技术革新的现实需求越是强烈，科

---

① 《马克思恩格斯全集》第4卷，人民出版社，1995年，第731~732页。

技创新的势头就会越加强劲。

（1）全球人口已超70亿，并将于21世纪中期超90亿，世纪末超100亿（联合国人口基金，2010），粮食生产与供给的压力不断增大；（2）不发达国家工业化的推进，正在加剧能源、原材料的短缺；（3）全球生态的持续恶化，环境破坏、大气污染、气候变暖和自然灾害等问题在近年来越加凸出。上述情况表明：新世纪全球性大发展中，人与自然的矛盾更加尖锐，地球承载力空间愈益紧张。寻找资源节约型、环境友好型的新生产方式，开发新能源、新材料，更充分有效地将自然力转化为生产、生活资料，实现一种人与自然和谐的发展模式，已成为时代的大需求。

21世纪人类的需求正在有力驱动一系列新的高技术开发。信息网络领域，尽管摩尔式的芯片技术性能18个月翻番奇迹已经结束，但是人们看到，通过要素结合，创造功能多、使用方便的新产品，如iPhone、iPad、Galaxy的开发，使苹果、三星等企业再次成为信息技术创新明星。

生物技术领域，在基因图谱的研究获得巨大成果基础上，近年来基因组合技术已经开始使用于动植物品种的改良和医疗。根据有关报告，不需多时，艾滋病、癌症等难症治疗技术有望被攻克。

新能源领域，核聚变技术正在寻求新突破，并使其商业化使用成为可能。海水成为"取之不尽，用之不竭"的能源将不再是理论，而终将成为现实。

快速成型技术领域，2012年3D打印快速推行，成为近年技术创新的一个亮点。它将计算机技术与新材料技术引入加工制造，创造了一种量体裁衣式的个性化的"精细生产方式"。这种生产将创造出在办公室内的依靠IT专家、设计人员、营销专家等来完成产品生产的新生产方式和新产业。

基于近年来技术创新的新发展，2011年美国未来学家里夫金提出第三次"工业革命"的新论点，在西方学术界引起不小反响。尽管看法不一，但80年代以来信息革命的发展，正在通过云计算，以及生产智能化、小型化、分散化等趋势，进一步引发和演变为新的"工业制造方式"和"组织方式"的革命。

可见，在新需求启动下，当前世界经济发展仍在不断孕育出新的技术创新。

2. 科学理论新突破有巨大空间

科学是技术的始源。现代科技发明是科学理论结出的果实，当代高科技的蓬勃发展，导源于自然科学基本理论的进步。20世纪初以来西方发达国家自然科学基本理论获得重大进步：出现了量子论、信息论、基因论、宇宙暗物质理论等理论新突破。尽管20世纪末以来重大理论发展"沉寂"，基于此，西方一些学界人士担心由此导致技术进步源泉的"枯竭"，但事实上当前大国科学理论研究势头仍然强劲。2012年，欧洲核子研究中心（CERN）宣布找到与希格斯玻色子相吻合的新粒子，以及2013年丁肇中领导的AMS项目取得重大实验成果：发现40万个正电子来自同一源头——脉冲星或暗物质，标志着宇宙理论的新发展。

科学永远处于发展中，是不可穷尽的真理。"吾生有涯而知无涯"，科学本身具有不可穷尽性，人类将永远面对着无限巨大的未知世界。科学知识发展也是不平衡的，它时而慢，时而快，暂时的理论创新沉寂往往孕育出新的大突破。因而，应该说，当前世界仍面对着科学基本理论的大突破，并由此推动科技创新上新台阶的发展大趋势。21世纪世界仍处在新的科技革命的前夜。尽管发达经济体和美国仍将是新科技革命的带头羊，但更多新兴国家已经参与这场科技大竞赛。在上述大趋势下，我们应树雄心、立大志，不仅应加大应用科技研发力度，争取掌握世界科技制高点，而且要立足务本，加强人才培养与基础科学理论研究力度，争取在基础科学和高新技术新发展中做出贡献。

五、奋起直追，走依靠科技力促增长之路

（一）摒弃高速低质的传统增长思维，走依靠科技支撑的质量提高型的发展之路

在我国面对的国际和国内新形势、新矛盾、新挑战下，传统的数量扩张型主导的发展方式已走到尽头。十八大提出和要求新时期着力实施创新驱动发展战略，把科技创新摆在国家发展核心地位，探索和走出一条更多依靠科技力来促增长之路，是实现两个一百年发展目标的最佳战略抉择。

改革开放以来，我国科技取得长足进步，科技力上了新台阶。截至2012年，全社会R&D支出已超1万亿元，占GDP的1.97%，其中企业R&D支出占74%以上。研发人员总量达320万人，发明专利授权量21.7万件，为世界第一。华为、中兴等明星企业成为技术创新标兵。特别是航天技术突飞猛进，已处在世界先进水平。但是就我国总体而言，工业经济还是以传统工业技术为基础，高科技企业还处在初生期，中小企业通行落后手工技术。特别是专利成果多，但转化率低，创新型人才缺乏，高水平成果少。我国科技水平与世界先进水平还存在很大差距。我国急需加快科技发展，启动全面的科技创新，实现有力的创新驱动。为此迫切需要解除认识桎梏，构建体

制机制，加强人才培养。

要求人们加深科技对经济发展的作用的理论认识，摒弃陈旧过时的发展观念：

第一，结合当代世界科技革命的新发展和工业经济新演化，加深对"科学技术是第一生产力"的马克思经济学原理的认识，明确坚持制度创新和强化科技创新是我国新时期面临多样挑战下实现可持续发展之本。

第二，结合新实际，进一步明确走质量提升型发展之路的重要性。

第三，立足于中国实际的科技创新是"多层次"的，既包括发展信息高新技术和新兴产业，又包括发展适用技术和开展多样中低层级的技术创新，要谋求推进各类企业、各个领域的现有技术的创新和升级，形成全方位、多层次的技术创新热潮。

第四，最主要的是加深对科学发展观的认识，切实转变片面追求GDP的传统观念，树立起更加重视经济质量与效益，更加重视环境与生活质量，更加重视消费拉动和内生需求，更加重视国内外经济均衡——即确立起全面、协调、稳定的可持续发展观。

（二）深化改革，充分立足于发挥市场机制基础性作用

实现科技创新驱动，根本在于体制和机制的完善。人类科技发展史表明科技创新活动兴起和蓬勃发展固然是要有发明创新者的兴趣、智慧与辛勤，但形成能有效激励创新和推动科技向现实生产力转化的体制和机制的确立才是决定性的。

近300多年来西方的科技进步是立足于和依靠市场性科技创新体制，其主要内容是：实行科技产品商品化，以企业为科技创新主体，

建立和完善专利制度和科技市场制度，建立创业板市场制度，形成风险资本，等等。市场机制的引入科技领域，强化了对创新的经济激励，调动研发积极性与企业的自主创新积极性，加大了对创新型企业的金融支撑。正是市场化的深化和上述一整套激励支撑机制和竞争机制的更有效的作用，催生出20世纪末发达国家高技术创新大潮。

在当前，为了形成国民经济广大范围内的科技创新活动，要求我们深化改革，构建起市场性的科技创新机制。

1. 切实搞好"专利制度"

专利制度立足于科技创新成果的商品化和市场交易化，通过产权保护为创新活动提供激励机制，从而有效调动研发者的创新积极性和企业使用新技术的积极性。我国当前存在着专利意识淡漠，特别是诚信缺失等问题，窃取他人专利、盗用品牌等侵权行为现象普遍发生，上述情况使科研机构缺少与企业合作的意愿，顿挫了科技工作者的创新积极性，造成大量专利"搁置高楼"。目前，我国专利技术化率平均不到15%，专利应用推广率在10%~15%左右，远低于发达国家70%~80%的转化率。这表明：构建专利制度，加强专利保护，已迫不及待。

为此要提高专利权意识，加强专利权保护制度和管理机制建设；明晰科研成果与知识产权归属，建立科研机构、企业间稳定的合作伙伴关系；构建有利于新技术推广使用的利益激励与约束机制，加快专利人才培养；完善专利法，加强专利法规和专利制度的建设，积极参与国际专利保护体系的建立和完善，等等。

2. 企业要成为自主创新主体

企业是市场体制的微观生产主体，在当代发达市场经济条件下，企业更成为技术创新的主体和技术进步的最主要策源地。企业要在激烈的竞争中谋取最大利润，必须实行技术创新为中心的全方位的创新。通用电气、西门子等世界顶尖级的大公司，既是物质产品的生产者，又是科学知识产品生产者。实力强大的实验室、高额的研发费用、众多的科技人员、大量的创新成果（专利），则是现代大企业的共同特征。当代科技型公司，则更是主要从事科技研发和知识生产的企业。

近30年来市场机制的引进，使得我国不少企业加强了研发活动，一些明星企业推出了质量高、效益大的创新成果。但总体上说，我国企业研发积极性偏低，自主创新能力薄弱。加之以体制缺陷造成的垄断利润和竞争力缺乏，使一些国有企业丧失自主创新的内在动力。国有企业经营管理体制缺陷造成企业的短期盈利偏好，吝于科技投入和缺乏提升科技实力的长期目标。据统计，世界500强R&D费用占全球R&D费用65%以上，著名大企业研发费用占营业收入8%左右。而我国国有大中型企业研发费用占产品销售收入比重只在1.4%左右。民营企业同样面临自主创新内生动力不足的问题。据调查，一半以上的民企科研经费投入为零，中小企业研发费用占销售收入比重不到0.2%，劳动密集型民营企业R&D投入水平平均不到0.5%。民企领军者联想尽管已成全球最大PC制造商，但其营业利润率只有1.4%，远低于惠普的7.4%和戴尔的6.2%。

形成生气勃勃的科技创新，必须依靠企业的自主创新积极性。为此，要大力深化国企改革，健全现代企业制度，切实增强自主创新的动力和实力，着力培育一批引领技术创新的国家队和主力军。要完善国有企业经营管理体制，引导国有企业推进结构调整、质量升级，切实"做强"。要消除垄断，引进和强化竞争机制，以优赢劣败的市场力量激活全面的自主创新活动。

3. 加强科技创新的金融支撑

金融体制创新在现代科技创新中的作用越来越大。由于使用高技术沉淀资本大、风险高、融资难，更加需要加强风险金融的支撑和投融资制度的创新。因此，深化金融改革，推进金融创新，建立起包括银行信贷、投资基金、风险资本、二板市场等在内的科技投融资支撑体系，特别是完善风险投资制度和创业板资本市场制度，是当前加快科技创新的重要条件。

总之，启动全面的科技创新，必须立足于经济体制机制的构建和创新。在当前要着力推进市场化改革，形成更富有活力的发达的市场经济，构建起驱动推进创新活动的市场激励机制，研发选项的市场导向机制，促进技术创新的市场竞争机制，支撑创新经济的金融体制。市场和竞争是不停顿的科技进步的动力。微软首席研究及战略官克瑞格·蒙迪说："伟大的公司不想停滞，就需要每天去创新才能存活下来。"消除垄断，加强竞争机制，才能形成众多市场主体参与的、全面的自我创新。

（三）有效地发挥政府的功能

当代科技创新绝不是纯粹由市场力量推动而自发地演进，政府的支持、引导和参与，对科技创新进程起着积极作用。在我国社会主义市场经济体制下更需要有效发挥政府的功能，尊重和按照科技演化的客观规律，采取多样政策，推动科技创新快速有序地发展。特别是在关键性、基础性、战略性的重点科技领域，要实行政府主导的跨越式的创新模式。

中国"两弹一星"的研发，载人航天、探月工程、载人深潜及其他军工科技取得巨大成就，位居世界前列，以及一批影响重大的关键核心技术和原创成果相继涌现，表明政府主导的科技公共品生产体制在推进科技创新中的重要作用。

在21世纪全球激烈的科技竞赛中，谁掌握了关键性的、基础性的最新科技，谁就能掌握发展的先机。"十二五"规划提出培育发展战略性新兴产业，并以节能环保、新一代信息技术、生物、高端装备制造、新能源、新材料和新能源汽车为主攻方向。在推进国家战略产业发展中，应发挥好政府的主导作用，把握创新的方向，加强对重点研发项目的规划，采取切实有效措施，扶持推动企业的实验研发设施的建设，促进战略性新兴产业健康成长。

要强化竞争性经济领域的科技创新的政府支撑功能，如牵头组织产学研联合攻关和协同创新，加大对自主创新项目的支持与鼓励，特别要加强支持对包括民营企业在内的强势企业的重大技术创新。基础科学研究是非市场性活动，要实行政府主导，把它作为公共产品来进行生产和向全社会提供。

我国农村经济发展越来越依靠科技创新。当前粮食、油料等基本农产品生产中依靠科技提高质量和效益，是极为迫切的任务。发挥好政府功能，搞好农业科技公共品生产与反哺机制，对推动农业经济领域的科技创新起着决定性作用。

总之，我国需要立足实际，深化改革，积极探索和构建起充分依靠市场和政府"两只手"功能的中国特色的科技创新体系，依靠体制活力全面激发各类主体的科技创新积极性，促使科技创新不断在广度和深度上发展，使之汇成发展大潮，充分有效地依靠科技力提升增长质量。

六、结束语

改革开放以来，中国经济业已经历了30多年的第一轮高速起飞。当前中国经济发展正处在重要转折点：由高速度、粗放型增长转变到中速度、质量提高型增长；由投资、出口拉动高增长到消费内需主导的增长的转换。中国经济已经进入依靠创新，特别是依靠科技提升质量，增加价值量和积累，实现中速、平稳、持续增长的新时期。更多发挥科技创新的拉动力和增大科技对增长贡献率，对新时期中国经济的顺利发展起着关键作用。可以说科技创新的状况、科技水平提升程度、科技"转化率"和提升竞争力的"度"，决定着中国今后中长期经济质量提高度、增长速度与运行平稳度。加快科技创新是中国摆脱当前的增长困境与发展瓶颈，争取20年平稳较快增长的重要依托。

中国古代曾经是世界科技创新先行者。指南针、火药、造纸术、印刷术均是最早发明于中国。明清以降，科技发展进入低谷。新中国建立，特别是改革开放以来，我国进入了科技发展的新时期。21世纪伟大中国梦的实现，需要有全体人民艰苦奋斗，特别需要有生气勃勃的科技创新。当前我们应坚定信心，勇于攀登科技高峰，向着科技强国迈进，争取在不远将来有更多科技领域在水平和创新成果上居于世界前列。

为了能真正迈开以科技促发展的脚步，需要解决面对的众多制度性障碍和投入、人才、教育等问题。这就要求我们坚持科技促发展大战略，搞好顶层设计，制定有效政策。特别要坚持改革，遵循科技进步与创新的客观规律，探索和构建中国特色的科技创新体系，依靠体制活力，实现"创新驱动"，走出一条更多依靠科技力的促转型和稳增长之路。

科技引领发展①

《中共中央国务院关于深化体制机制改革 加快实施创新驱动发展战略的若干意见》指出："创新是推动一个国家和民族向前发展的重要力量，也是推动整个人类社会向前发展的重要力量。"实施创新驱动发展战略，科技创新是基础和核心。从一定意义上说，科技创新引领经济社会发展。

在市场经济条件下，企业是科技创新的主体。企业科技创新需要依托科技发现和发明，还需要因应市场形势变化。因此，在发展的不同时期，科技创新势头时大时小、领域或宽或窄，但创新活动不断加强是一个大趋势。在一定时期出现的科技创新高潮就是科技革命。第一次科技创新高潮发生于1770~1820年，蒸汽技术革命促使手工工场生产转型，迈上机器大生产台阶。第二次科技创新高潮是19世纪中叶发生的电气技术革命，为电气、重化工、海轮、航空等现代工业发展奠定了技术基础。第三次科技创新高潮是20世纪七八十年代以来的信息和高新技术革命，主要标志是计算机与网络技术、生物技术、新

---

① 原载《人民日报》2015年3月31日。

能源、新材料、航天技术、海洋技术等迅速发展。这是一次科技革命高峰，无论自然科学基础理论的新发展，还是各项应用技术的发明创新，以及企业生产技术变革的深度和广度，都是前两次科技革命所不能比拟的。

邓小平同志关于科学技术是第一生产力的论断在高新技术经济中得到生动表现。（1）高新技术使劳动生产率成十上百倍地提高。（2）新型企业迅速形成和发展，成为经济增长的生力军。（3）科技创新活动成为扩大投资的重要动因。（4）高新技术提高产品使用价值，成为刺激消费、开拓市场的有效手段。（5）新兴产业兴起、高端服务业和物流业发展、科技型小微企业发展等创造大量新就业、新职业。（6）高新技术渗透改造传统产业，促使生产技术和产品升级换代，推动产业结构调整升级。（7）高新技术催生绿色工业和绿色企业，开拓出一条人与自然和谐发展的现代化新路。

可见，科技创新越来越成为经济发展最强有力的引擎。曾苦于市场需求不足的西方资本主义国家在二战后迎来一段黄金发展期，很大程度上就是由于科技创新的推动；当前世界经济低迷，很大程度上可归因于现在正处于新科技革命的前夜。在我国，适应和引领经济发展新常态，必须加快科技创新，实施创新驱动发展战略。

高新技术不仅有力影响企业行为和经济运行，而且渗透到社会生活的方方面面，影响和改变人的生活方式和思维方式。可以预期，高新技术的不断创新和普遍应用，将促使工业社会转变为科技、知识社会，重塑现代化的内涵和现代文明。当前，互联网、物联网、云计算、大数据、3D打印等新技术的创新和应用呈加快发展态势，新一轮科技革命正在孕育突破。时代大趋势和我国经济发展进入新常态的新形势，都对加快科技创新、充分发挥科技引领发展的功能提出新的更高的要求。

　　加快科技创新，根本途径在于优化体制、完善机制。我国形成全方位科技创新大潮，必须深化市场化改革，实行严格的知识产权保护制度，打破制约创新的行业垄断和市场分割，改进新技术新产品新商业模式准入管理等，形成一整套有效激励、支撑和倒逼创新的市场机制，切实使市场在创新资源配置中起决定性作用。还应看到，当代科技创新并不是纯粹由市场力量推动而自发演进的。即使成熟市场经济国家，政府也在加强重大科技发展的支持和对创新人才的培养。我国作为发展中国家，更应发挥好政府对科技创新的支持、引导和推动作用。同时，应加强科技创新的理论研究与宣传，增强全民创新意识，营造尊重科学、鼓励创新的良好社会氛围。

文化与经济的互动[①]

只有实现物质生产力的发展和经济的发达，然后才能有文化的昌盛，这是经济社会发展的一般规律。古代社会曾经出现过活跃的文化活动，创造出灿烂的古典文化。但古代社会缺乏文化活动转化为生产力的社会经济机制，文化享受的对象主要是贵族奴隶主和封建地主阶级，物质与精神文明的成就集中于城市，在整体上仍然是经济、文化落后的社会。工业革命以后，资本主义经济快速发展，文化生产日趋活跃，出现了文化活动向经济生产的转型。

文化在近现代之所以能迅猛发展，并转变为一种经济生产，原因就在于商品经济机制的引入。商品生产赋予文化产品以经济价值，市场机制的引入为文化生产配置了经济利益推进器。实践表明，在市场经济条件下，即使是人们称为"自由的"文化活动，如果没有经济利益驱动，也只能在少数专业职能人员的狭窄范围内十分缓慢地发展。如同物质生产一样，充分而有效的经济激励是调动智力劳动者的积极性、促进文化繁荣的重要杠杆。

---

① 原载《人民日报》2004年4月1日。

过去，怎样生产文化产品、生产什么样的文化产品，或取决于行政权力，或取决于生产者的个人兴趣、社会嘉许。发达的市场经济改变了文化产品的生产方式和文化资源的配置方式。文化生产发展成为由数量庞大的文化生产者参与、分工细致、专业众多的大产业，市场价格机制使文化工作者自发地创造活动适应大众的多种多样需要，从而促使多样性、多层次性的文化商品生产发展，促使多种多样的文化娱乐行业出现，使广大文化消费者得以"各取所好"。

对当前文化生产应提倡"兴雅"还是提倡"兴俗"的问题，人们存在不同看法。一些人将高雅文化遭冷遇的原因，简单归结为市场的冲击和破坏。其实，如果我们大略观察工业革命以来的世界文化发展，会发现一条十分明显的由古典殿堂文化位居主流到近代市民文化兴起、再到当代大众文化大发展的轨迹。这是一场由市场力量推动的变革。对这一文化变革，不能只从文化的艺术素质角度来加以评价。例如，不能只是从不少大众文化产品表现出艺术和社会价值不高，"粗俗"甚至有劣品滋生，就做出文化生产衰败的结论。应该看到，在这种现象的背后，一方面是少数精英垄断文化生产的局面被打破，众多智力劳动者进入文化生产领域；另一方面是少数人的文化消费垄断被打破，大众进入文化消费领域。

尽管市场机制对文化活动有不少负效应，但人们只能在适应客观经济规律的同时，对商品性文化生产进行规制和管理，促进文化产品质量的提高。同时，文化产品是一种带有意识性的特殊商品，其生产中存在商品性与艺术性、意识性的矛盾。对于这种矛盾的调节，市场是失灵的。此外，文化公共物品还要由政府来提供。因而，在文化生产中不能实行"全盘商品化"，而应使市场的搞活、调适功能与政府的管理、指导功能相结合。

商品经济机制不仅促进文化生产的发展，而且还促使文化被大规模地引入生产领域，转化为直接生产要素，成为重要的经济资源，使文化生产成为促进经济发展和财富增长的新杠杆。文化积极参与生产是商品经济条件下的新现象。商品经济与市场具有很强的渗透性，它在物质生产领域站稳阵地后，就向服务业的广大领域扩张，此后进一步向文化生产领域渗透扩展，一浪又一浪地把文化活动卷入市场交换，从而使文化产品成为商品，使作为精神活动的文化生产转化为财富生产，使文化产业成为实力强大的支柱产业。

在发达的市场经济条件下，文化因素合并于产品和服务创造，使消费者的需求得到更充分的满足，实现了融物质财富、科技财富与精神财富于一体的更高级的财富创造，加之文化产业的崛起，使国民经济有了文化经济的特色。文化资源成为促进国民财富增长的新杠杆，文化获得了生产力的性质，出现了知识文化生产、服务生产与物质生产现代三维产业并行发展的态势。

知识及其生产功能①

　　物质产品使用价值的内涵被规定为产品所具有的满足人的需要的有用性。这一规定适合于物质、实物产品，包括消费品和生产资料，也适合于作为特殊产品的劳动力。那么，应该如何分析在现代经济中越来越重要的知识或知识产品的使用价值呢？

　　知识产品是一种精神存在，无论科学技术知识产品，还是文学艺术产品，都是人的理性思维活动或情感活动的结晶，是一种非实物形态的精神存在。即使以具体形象或声音形式存在的艺术作品，如舞蹈、歌唱、绘画、书法、雕塑等，其本质也是人的精神活动。因而，知识产品的使用价值或效用，也就是人的劳动创造的实在的精神生产物的有用性或效用。

　　知识产品具有多样的社会功能，它被使用于人类的一切社会生产和生活之中。一般地说，科学知识是对客观世界（以及主观世界）的本质和规律的认识，它能够提升人们认识世界的能力。作为认识工具，知识是增强人类多方面活动——包括社会生产、个人生活、社会

---

①　原载《人民日报》2004年4月6日。

生活——效果的工具。因此，我们可以把知识产品的使用价值或效用归结为：增强人的社会生产和生活能力的工具，是财富形成的根本动因和精神力量。

知识在社会生产和生活中的作用，在人类社会发展的不同阶段是不同的。原始社会的生产和生活突出地表现出知识匮乏的特征，原始农牧经济的生产要素主要是人力、土地和简陋的工具，知识远未成为具有现实意义的生产要素。在中古时期，人们说："工欲善其事，必先利其器。"手工工具的进步，体现了以经验为基础的生产知识的进步。生产知识的进步和积累，也表现在代代相传和越发高明的手工劳动技巧上。但是，毕竟作坊手工工匠的知识进步局限于经验积累，而不能实现理性升华，成为科学知识。在一般生产者层面不可能有真正的科学活动，而由一些知识分子进行的科学活动和科技创新，又由于自然经济制度的桎梏，很长时期都只能作为实验室活动而被隔离于现实生产之外。中古时期的农业经济制度和桎梏商品经济的政治权力结构造成经济发展和人类认识进步缓慢，知识匮乏仍然是这一时期社会生产和生活的鲜明特征。

由农业经济到工业经济的转换，标志着知识在财富生产中起重要作用的时代的到来。机器大工业生产方式本身就是科学知识的结晶。现代工厂中最早的大机器——蒸汽机的改进和普遍使用，是近代物理学和机械力学发展和应用的结果。17世纪以来的近代自然科学的兴起，特别是牛顿的力学理论，孕育和启动了18世纪末19世纪初的工业革命。近200年来各门类自然科学的发展，特别是应用科学的发展，促进了生产组织和经营方式的进步和革新。此外，科技进步还要求和启动了教育的发展和劳动力素质的提高。可见，科学知识是强大的生产力，物资设备、土地、原材料、劳动力等生产要素以及生产方法一旦凝结了科学知识，就获得了高生产能量，不仅引起劳动生产率十倍、百倍地飙升，而且还创造出全新的、高质量的现代使用价值。科学越进步，对事物的认识越深入，它的应用功能和有用效果就越大。

科学知识产品增强物质生产工具的能力和创造高质量的崭新财富，最鲜明地表现在当代高科技经济中。以信息科学、生物科学、航天科学、纳米科学等为主要内容的新的科技革命，正在创造出工业经济时代所未有的以计算机为核心的当代高技术手段，引起了新兴产业的兴起和快速增长，知识产品具有了极其重大的经济社会功能和使用效果，成为现代财富形成的主要源泉。一句话，在高科技经济或知识经济时代，科学技术知识（产品）真正成为第一生产力，成为财富增长的最强大动因。因此，认真贯彻实施科教兴国战略和人才强国战略，不仅十分必要，而且十分迫切。

现代财富的性质、源泉及其生产机制[①]

　　人类从事生产的目的就是通过创造财富，满足自身和社会不断增长的需要。一般而言，生产力和生产方式越是先进，经济形态越是完善，就能创造出数量越大、品类越多、质量越高的社会财富，不断提高社会成员的消费水平。社会主义社会，更是要寻求一种符合"以人为本"和科学发展观要求的最佳财富生产模式，大力发展先进生产力，促使财富增值极大化，实现社会成员对社会财富的共享和共同富裕。社会主义财富是人民财富，人民财富的最大增值、合理分配、优化使用，是社会主义政治经济学的新主题[②]。

　　主要依托科学力、知识力创造财富是当前财富生产的新方式，也是财富创造效率最高的模式。为此，我们需要以马克思主义理论为指导，站在时代的高度，以广阔的历史视野，对当代财富创造的新特点、新模式及其利弊进行经济学的考察，进而为推进社会主义人民财

---

① 　原载《经济学动态》2005年第11期。

② 　在市场经济中的财富还表现为一个交换价值，即具有价值性，因而，财富具有二重性：使用价值和价值。为论述方便，本文中舍弃财富的价值性和价值形成，集中分析财富使用价值形成的机理。

富丰裕化、实现我国建设全面小康社会的基本宗旨，提供一条具有可操作性的思路。

一、现代社会财富的性质、形式和结构

工场手工业时代的资产阶级古典经济学认为物质财富是国民财富的基本形式，而分工和市场，可以极大地增加社会财富。250年后的今天，当代人类社会出现了传统工业经济的高科技化和经济的进一步市场化，伴随着这一趋势的迅猛发展，现代财富的性质、结构、形式等都发生了深刻的变化。

（一）现代财富的性质及其形式

社会财富，抽象地说，是一个具有使用价值，能满足人的需要的物，是劳动产品的总和。在任何社会形态和任何经济运行机制下，社会财富都以使用价值为其实在内容，马克思说："使用价值总是构成财富的物质内容。"[①]在市场经济条件下的社会财富则是以具有使用价值和价值二因素的商品所构成，是商品的总和，主体是商品财富。

在市场经济的初始时期，物质产品的生产是最主要的商品财富生产形式，此时的家庭服务产品生产和精神产品的生产，主要保持着产品生产的性质。经济市场化的发展，呈现出服务生产和精神生产的商品化；在当代发达市场经济中，科技知识和文化资源商品化带来了更加复杂的财富生产形式和分配问题。随着市场化和商品财富生产领域的日益扩大，商品财富包括了物质产品、服务产品、知识精神产品

---

① 《马克思恩格斯全集》第23卷，人民出版社，1972年，第1页。

（即科学品、文化、艺术品等的总和）、价值物（即货币、价值凭证或虚拟财富）、商品化自然原生产品以及商品劳动力等丰富内容[①]。商品生产成为社会生产的一般形式，商品财富也成为社会财富的占据统治地位的内容。

但是，社会公共产品性生产仍然存在，不从属于市场机制的、社会公共产品形式的所谓产品性财富，如基础教育产品、基础文化设施、社会福利、国防产品、生态环境基础设施等，仍然是现代社会财富的构成要素。此外，由于当代市场经济形态下的科学品、文化品、艺术品等精神产品，其中的重要组成部分仍将是一种产品性的公共物品，即使在发达的市场经济中，也存在多样的、非交换性的劳动生产物的创造活动，为此，从财富的社会经济性质着眼，现代发达市场经济条件下的社会财富仍然包括商品财富和非商品财富两大类别。

在社会主义市场经济体制下，其制度本身就为两种类别的现代财富生产互促、互动提供了有利的制度基础。人们在大力发展商品生产，促进商品财富的最大增值的同时，要有效地组织产品性的公共物品生产，通过两种财富生产的协调互动，将进一步促进社会生产的全面发展，实现人民财富最大化并发挥财富"富国裕民"的功能。

（二）现代社会财富结构的多样性

现代财富结构的多样性是由生产力、社会生产的状况和产业结构决定的。当代世界正处在一个生产全面发展的时代。（1）物质生产在高技术基础上迅猛发展；（2）在国民生产总值的比重已成为最大产业的服务业由于信息技术的引进，发展势头迅猛；（3）高技术经济固有

---

① 刘诗白：《现代财富论》，生活·读书·新知三联书店，2005年，第21页。

的科技创新机制促进了科学知识产品的扩大再生产。同时，文化消费需求的快速增长推动了文化品、艺术品的生产的发展，促使文化产业快速兴起。由此决定了社会生产活动要采取多种多样的具体形式，决定了生产品和社会财富结构的多样性。从某种意义上说，财富结构的多样性从来都是社会财富的特征，但它更是现代财富的鲜明特色。

基于现代发达的社会化大生产发展下产品体的性质及其功能，现代财富结构的多样性表现在四个方面：（1）物质财富、服务财富、精神财富的三维结构日益凸显；（2）服务财富和精神财富的快速增长及其逐渐成为社会总财富主导形式的趋势；（3）知识和科技密集型的现代财富的出现、大规模生产和对传统财富替代的加强；（4）对自然资源、生态财富的维护和创新愈加成为财富生产的重要内容。

现代财富结构所表现出的上述多样化特征，事实上反映了现代发达的社会大生产的性质，即这是一种将物质生产、服务生产、精神知识生产以及自然生态创新包括在内的大生产，这一现代大生产将多种多样的实在要素纳入加工对象，使其转化为对人具有有用性之物——多种多样的商品和产品。

（三）社会主义人民财富观的形成

社会主义财富就是人民财富。其主要特征有四：（1）社会共同的财富；（2）高度丰裕的财富；（3）满足人的全面发展和新的健康需要的财富；（4）丰裕的精神财富。

社会主义基本任务是实现现代财富的最大丰裕和共同富裕。基于现代财富结构多样化的性质，正在发展社会主义生产的人们，应以广阔的眼界来看待财富，既讲求社会财富量的增大，又讲求财富质的提高，还要讲求财富结构的优化。人们应该确立起一种全面的财富观念，特别是整体的财富观念，统筹商品财富和产品性财富二者的共同增长和谋求物质财富、服务财富和精神财富三者结构的优化，争取实现多样财富形式的协调发展和互相促进。

在社会主义条件下，通过大力发展生产力和体制创新，依靠完善的社会主义市场经济体制和社会主义文化体制，依靠生机勃勃、活而不乱的包括物质生产、服务生产、精神生产在内的社会生产机制的构建，我国完全可能做到促进产业结构的优化，加快人民财富的创造，从而加快推进社会财富丰裕化和共同富裕化。

二、现代社会财富源泉的多样性

亚当·斯密在《国富论》中将财富的形成归之于劳动；威廉·配第认为"劳动是财富之父，土地是财富之母"，点出了财富源泉的多样性；而马克思通过对劳动二重性的分析，既科学阐明了劳动是社会财富的本源，是商品价值的唯一源泉，又科学阐明了商品及其使用价值是多种生产要素共同作用的结果，劳动并不是使用价值即物质财富的唯一源泉，明确提出和阐述了社会财富源泉多样性的科学原理。他还说："财富的主客观因素越是在更高的程度上具备，财富就越容易创造。"[1]

将马克思关于使用价值财富生产的理论和方法运用于现代发达市场经济和高技术经济的生产过程中进行分析，劳动仍然是社会财富的始源，而参与生产过程的工具和自然对象——从广义的土地（地表、地下）到被使用的宇宙——也是财富的源泉。随着人类社会发展中生

---

[1] 《马克思恩格斯全集》第2卷，人民出版社，1972年，第89页。

产方式的进步和升级，生产要素呈现出多维化特点，除了劳动力、工具力、对象力、科学力而外，管理力、环境力等成为生产过程的有效因素，并且对产品使用价值和社会财富形成发挥重要作用，从而表现出生产方式进步中社会财富新泉源得到开发以及富源的多样化。基于现代大生产中生产要素的多维化，充分动员、聚集和整合各种生产要素，最大限度发挥要素力，是促使财富快速增长的先决条件。在社会主义建设中，为了形成社会财富最快速增值的机制，要致力于"放手让一切劳动、知识、技术、管理和资本的活力竞相迸发，让一切创造社会财富的源泉充分涌流"①。

另一方面，人类社会经历过的不同劳动方式中，生产要素的性质和要素的组合方式是不相同的，从而要素在财富形成中的功能也会有所不同。大体地说：由主要依托于人力，到主要依托于工具力，再到主要依托于科学力，体现了人类的财富生产力提高的历史轨迹和总体趋势。人类社会的财富生产也呈现出由"用手工工具生产财富"到"用机器生产财富"，再到"用高技术生产财富"的递进发展。

在当前的高科技经济时代，科学越加广泛和深入地合并于生产过程之中，成为强化生产要素力的积极力量，也就是说，科学力成为财富形成的主要动因。它表明：主要依托于科学力、知识力的这种人类财富创造最先进方式的到来。

基于时代的特征和全面小康社会建设的要求，我国社会主义建设要致力于推进科技进步，实行以信息化带动工业化，实现技术跨越式发展和增长方式的转换，在财富创造中既要充分发挥各种传统生产力的积极作用，更要着眼于推进财富创造主要依托由人力向工具力、科学力的转

---

① 《江泽民在中国共产党第十六次全国代表大会上的报告》，2002年11月8日。

换，最有效地发挥作为第一生产力的科技在财富创造中的功能。

三、自然财富在社会财富形成中的功能

自然财富不仅是创造社会财富的物质基础（或物质源泉），而且其本身也是人类的财富。自然财富主要是指：（1）自然物质，如土地、河流、森林以及地下的矿藏；（2）自然力，包括水力、风力、阳光、核能、宇宙能，等等；（3）生态、环境、气候。凡是用来满足人的生产需要以及消费需要的自然对象和自然生产条件，都属于自然财富范畴。

自然财富在社会财富形成中的重要作用，主要表现在：（1）自然财富是生产资料和生活资料的源泉，从而自然财富的高存量和优质，成为劳动生产率提高的积极动因；（2）保持良好的生态循环，是社会再生产和经济循环顺利进行的前提条件；（3）自然生态是人类生活环境和生活质量的重要要素。

然而，对于人类社会发展的一定阶段来说，在特定的生产力水平下，能现实参与财富生产的地球自然资源，总是表现为一个有限的存量。自然物会随着生产中的物质耗费而发生耗损和减少，财富生产与自然物存量耗损的矛盾，就是社会生产所固有的一般矛盾。世界工业化、现代化进程中出现的深重的资源耗竭和在当代日益深重的生态环境危机，表明了存在自然财富边际有限性的经济学命题。上述情况要求人们大力寻找和实行节约自然的经济模式（生产方式和消费方式）和发展模式，把经济高增长和自然资源节约、环境的维护和优化相结合，以保持人和自然相协调和实现可持续的发展。

自然财富有限存量的命题，是以在现有生产力水平不变的假设为

前提的。但是在社会生产力提高、自然开发在广度深度上发展的条件下，人们不仅以开发劳动来扩大现实的自然财富，还以科技进步来创造人工自然财富，因而可利用的自然财富会相应扩大，当代新的科技革命正在开发出不竭的财富新源泉。基于此，自然财富存量又具有界限或边界的可扩展性是经济学的另一命题。

在社会主义条件下，自然财富是人民财富的一部分。自然财富虽然边际有限，但在社会主义条件下，人们将有可能借助知识、科技、文化的更快发展，有效地开拓财富生产的新源泉和经济增长的无限美好的前景。因此，在当代中国，人们应致力于构建完善的社会主义市场经济体制，大力进行自主创新，寻求一条节约资源、保护生态的发展模式，大力发展先进文化，倡导和塑造节约自然的理性的生活消费方式，探索和走一条物质文明、精神文明、生态文明并举的新型工业化、现代化道路，实现一种理性的、社会与自然相协调的、世世代代造福于人民的持续的社会财富增长。

四、当代最新的财富生产方式——高科技生产方式

财富的内涵和结构、源泉以及各种生产要素在社会财富创造中功能的变化，无不是由生产方式的发展变化引起的。当代世界出现了传统工业生产方式的升级，对这一新的生产方式，我们称之为高科技的生产方式或高科技经济。

当代高科技经济是20世纪末信息革命以来，在经济发达国家以信息技术为代表的高技术日益被广泛使用，成为新的物质技术基础，并引起生产方式、生产组织发生新的变化，这是西方传统工业经济的一次组织重构和升级，这一经济组织的演进也可称之为经济的高科技

化。这一新的生产方式正在带来一系列变革，譬如生产工具革命、现代使用财富的创造、劳动生产率的提高、有效需求的扩大、企业组织的重构，等等，并对人类的经济、社会变革发生着深刻影响。

中国当前的重要任务是把握世界高技术经济发展带来的机遇，大力发展高新技术，紧跟世界科技创新潮流，加强技术自主创新，加快产业升级，发展壮大自身的高新技术产业，将其作为桥头堡和制高点，带动工业化和促进现代化。搞好高科技的发展，是中国经济实现跨越式发展的关键。

五、商品经济和市场机制促进技术进步的功能

在人类历史上技术的演进表现为：人类早期社会千百年发展中细微的技术渐进，到工业经济时代技术间歇性进步，到当代高技术经济中的技术飞跃。现实经济中的技术进步不仅是一个新技术本身具有更高效率的问题，也不只是对新技术知识的掌握问题，更是一个经济体制问题。历史表明，商品经济和市场"这只无形的手"有力地推动了科学知识产品向物质生产的转化。更具体地说：市场经济固有的使高效率的技术转化为主体净收益的机制，从来都是技术进步的驱动力。

在商品经济条件下，市场机制是推动科学知识产品转化为财富创造的动因。其原因在于：（1）市场需求和原有物质生产能力的矛盾，是技术进步的经济动因；（2）市场经济奉行的"利益最大化"原则，促使技术进步有了主体利益驱动，是推动技术进步的强大的内生力量；（3）市场经济固有的竞争和"优胜劣汰"机制，是促进技术进步的另一强有力的内在力量；（4）市场经济中，股份制企业组织和信用、金融体制，为进行技术革新提供金融支撑。

我国当前需要以深化经济体制改革和有关制度创新，进一步完善社会主义市场经济及其机制，与此同时建立起完备的国家创新体系，以此推动和催化全面而快速的技术创新。

六、现代知识生产及其经济、社会功能

如前所述，当代高科技经济就其本质而言就是物质财富生产和知识财富生产并举、并以知识生产促进物质生产的经济。

当代发达的知识生产，是立足于市场经济体制基础之上的大知识生产机器，既包括自然科学和社会科学的科学知识生产，还包括文化、精神生产[①]。现代知识生产不同于一般含义的知识生产，其特征是：（1）立足于物质生产基础上的精神生产、知识生产的性质、特征、规模、方向都要适应物质生产的要求；（2）一部分知识生产立足于市场体制之上，转化为商品性知识生产；（3）众多的知识生产部门出现，形成了新的知识产业；（4）发达的商品性知识生产与产品性生产并存和共同发展。

在当代，一部分知识生产是商品性知识生产，带有鲜明的营利特征。虽然传统政治经济学将精神生产劳动视为一种完全摆脱了物质利益动机的"纯洁"劳动，无须经济利益的驱动，但是，在当代，部分精神、知识劳动已经从属于商品机制和经济利益，这是不以人的意志为转移的经济新发展与生产新变迁。当代商品性科技知识生产主要有四种形式：（1）企业本身进行的知识生产，例如大公司，特别是高科

[①] 马克思曾提出物质（产品）生产、服务（产品）生产、精神（作品）生产以及人的生产，即四类生产组成"整个世界的生产"的经济学命题。在马克思看来，精神生产是指哲学、法学、道德等思想、观念的"意识的生产"，各种社会意识的形成以及科学知识的创造均属于知识生产。

技公司开发的科技成果及提供的科技服务；（2）由专业性科技研发公司进行的知识生产；（3）以合同形式由各种科研单位从事的知识生产；（4）由个人（包括大学生及其他科技爱好者）进行的知识生产。

在市场性知识生产领域，商品关系和市场机制的恰当引进，会激发主体知识、精神活动的积极性和创造性，从而促进知识产品生产力的提高。商品关系和市场机制除了对知识生产产生利益激励功能而外，还拥有促进知识劳动分工的功能、科学活动导向和资源合理配置的功能以及解放和发展科学知识生产力的功能。当然，市场性知识生产领域仍然存在市场失灵，也会出现市场驱动知识生产畸化、知识垄断、商品性知识生产中固有的分配与财富占有不公[①]，过度的知识生产商品化也会导致作为公共产品的非商品性知识生产领域（尤其是科学基础知识生产）的削弱等缺陷。

基于知识生产的上述矛盾，社会主义市场经济构建知识生产体系过程中，应当辩证地认识商品性知识生产的作用及其特点，兴利除弊，既有效发挥商品关系和市场机制促进知识财富生产力的功能，又能够正确处理市场性知识生产的矛盾，以及处理好市场性知识生产和作为公共产品的非商品性知识生产的关系，通过完善的制度安排，促进知识生产的快速、健康发展。

七、现代文化生产的性质、机制以及社会主义文化生产体制的构建

在知识经济时代的发达市场经济中，文化正在被大规模地合并、

---

① 刘诗白：《现代财富论》，生活·读书·新知三联书店，2005年，第37页。

嫁接于生产，商品性文化生产成为当代社会大生产的新组件，文化产品成为现代国民财富的重要内容，文化产业成为促进经济增长和财富增值的支柱产业。上述情况意味着文化已经具有了生产力的性质。

文化生产在近现代之所以能迅猛发展，并能变为一种经济生产，原因就在于商品经济机制的引入。发达的市场经济改变了文化产品的生产方式和文化资源的配置方式。文化生产发展成为由数量庞大的文化生产者参与、分工细致、专业众多的大产业。我们看到，20世纪80年代以来，在发达国家，被他们称之为"创意产业"的一系列知识密集型的文化产业成为主导产业乃至支柱产业，在国民经济中的地位迅速跃升。美国商业电影大片、大众传播、时尚设计等文化商品的出口收入已经超过了信息产业甚至石油等产业的出口收入；日本文化产业的产值已经超过了汽车产业；包括东南亚经济危机之后的韩国，一批在全球范围配置文化资源的跨国企业成为文化产业的"巨无霸"。

当然，文化生产只是部分地成为商品生产，而且文化生产毕竟不同于一般商品生产，进入市场的文化、精神产品是具有意识性和商品性的特殊商品。并且，文化产品的艺术、社会价值与商业价值这两个因素在市场机制作用下形成了"商品性文化产品的内在矛盾"。这一矛盾的具体表现是：在文化生产过程中，一些文化创作者"对文化产品商业价值的追求，超越和脱离于文化产品艺术、社会价值的创造"[1]的非理性行为。这种由于文化生产偏离艺术、社会价值创造的本质目标，文化工作者陷入"市场陷阱"，导致了文化生产"畸化"现象和文化市场上"庸品驱逐良品"的现象。上述情况近年来在我国的文化生产中也随处可见甚至日益突出，这些现象体现了文化产品在商品领

---

① 刘诗白：《现代财富论》，生活·读书·新知三联书店，2005年，第461页。

域中的市场失灵和市场负效应。

可见，市场机制对文化生产来说是一把双刃剑，它既是促进文化生产发展的有力杠杆，但也有诱发文化艺术创作畸化的负效应。并且，商品经济中固有的文化垄断及垄断价格机制，还将倍数地放大、强化市场机制对文化生产的双刃剑作用，西方资本主义国家在当代出现的物质文明繁荣与精神"文化危机"并存的社会畸形发展，正是全面市场化的文化生产的矛盾的体现。

因此，文化生产特别是商品性文化生产，它的健康发展离不开有制度约束的、政府有调控的、能实现"社会效益优先、经济效益与社会效益相结合"的完善的市场体制[①]。为了求得文化财富又多又好的创造，以服务于社会主义事业，在商品性文化、精神生产领域，应该实行政府主导和有规制的商品生产模式，实行看不见的手、看得见的手和先进思想指导作用相结合。这样，人们就能够在发展商品性文化生产中兴利除弊，既有效改进和克服市场负效应，又形成生气勃勃、"活而不乱""管而不死"的市场性的文化生产。此外，还要大力发展好文化事业，大力推进和有效利用文化生产的这一新的杠杆，我国文化生产将由此获得新的动力。借助文化生产力功能和文化与经济互动，既能够加快我国经济的发展，又能够优化社会财富的结构，更能够实现文化发展和文化育人。

---

① 刘诗白：《现代财富论》，生活·读书·新知三联书店，2005年，第465页。

八、劳动始终是财富价值的唯一源泉

（一）"劳动创造使用价值和财富"的命题不变

市场经济中的财富主要是具有价值规定性的商品财富。商品是劳动生产物，即劳动财富，劳动是价值的唯一源泉。当代生产过程中出现了机器、设备取代活劳动以及产品技术、知识密集化和劳动稀薄化的趋势，特别是当前信息技术的发展，大大提高了生产自控化和自动化的水平，产品的技术密集程度也进一步提高，活劳动在加工制造业使用价值形成中的直接作用和功能的减少表现得越加鲜明，不过，这并不意味着劳动创造价值命题的失效。

因为，单个生产要素本身不可能是现实生产力，只有各个要素被组合和整合于生产过程之中，只有使非人身要素和活劳动相结合，在劳动的启动、黏合、调控等功能下，非劳动要素才真正发挥出使用价值形成的功能，即使在当代高技术经济中，任何产品始终是劳动产品，是对象化劳动的体现，可见，劳动创造价值的经济学原理并未失效。

（二）智力劳动的价值创造功能的强化

当代经济的大趋势是高技术经济的兴起和走向知识经济，科学力日益成为现代财富形成的主要源泉，知识密集也就是现代财富的特征。知识是科学劳动的结晶。产品中知识密集性本身意味着有科学劳动体化于其中。创造知识密集的产品，也就是把原科学知识要素合并于生产和体现于产品之中，需要依靠人的活劳动投入，特别是需要有高智力的活劳动的投入。而任何一种科学知识密集的产品的形成就是既体现有原科学劳动的作用，又体现有活劳动，特别是高智力性活劳动的作用。高智力劳动是一种高熟练、高强度的劳动，它体现为创新知识产品的高价值。

当代高技术经济的发展，尽管总体生产中仍继续着活劳动的节约，生产品中却是体现了科学、知识的密集，它意味着智力劳动的密集特别是高智力劳动的密集。它表明，智力劳动在现代社会财富价值形成中的功能的大大强化。

（三）社会主义市场经济条件下的价值形成

在市场经济体制下，社会财富主要表现为商品，从而具有价值。当代发达国家已经形成以服务、知识产品为主导，由物质生产部门、服务生产部门和知识生产部门组成的现代产业，现代国民财富结构也已经是以服务产品、知识产品为主要成分。面对当代经济的新情况，计划经济时代撰写的政治经济学教材中流行的只有物质、实物化劳动才能创造价值的观念已经不再适用。

马克思在阐述劳动价值理论时，提出了生产商品的抽象人类劳动物化为价值的重要论题，但是劳动"物化"概念的含义并不等同于劳动"物质形态化""实体化"。马克思使用的"物化"概念本质是"对象化"。劳动"物化"指的商品生产中的抽象人类劳动这一商品关系的"对象化"，即"体现""依附"于某一"东西"或"对象"之中，从而使抽象人类劳动这一看不见、摸不着的生产关系或"社会规定性"，"体现"于作为使用价值的一个劳动生产"物"或"对象"之中，并表现为这一个"物"或"对象"所拥有的价值规定性。

亚当·斯密在劳动价值理论上的局限性在于他将商品价值范畴限制在"固定化""实物化""耐久性"的产品和具体劳动形式中，他还未进一步地把握到形成商品价值的劳动是无"差别的抽象人类劳动"、是一个社会生产关系的范畴。

在考察商品使用价值时，马克思没有囿于物质固定化形态，他还将某些人类劳动活动的功能视为是使用价值。例如，他认为劳动力商品的使用价值是劳动的价值增值功能。马克思还将使用价值区分为"实物形式"和"运动形式"两类。马克思提到"唱歌的使用价值"。他明确提出："服务有一定的使用价值（想象的和现实的）和一定的交换价值。"他说：服务业劳动者提供的随生随灭的服务是一种"直接使用价值"[①]。显然，马克思将劳动者生产出来的满足各种社会需要的多品类商品体的属性，都作为使用价值。

可见，马克思提出和阐述了广义的使用价值的范畴，并且基于商品使用价值的多样性，阐述了多样具体形式的商品生产劳动"物化"和"对象化"为价值的极其严谨、十分周全的劳动价值理论。

基于马克思对使用价值的阐述和物化劳动创造价值的论题，应该说，在我国社会主义市场经济制度下，众多的商品生产部门，无论是物质、实物产品生产部门，还是商业、金融及其他服务部门以及科学、文化产品生产部门，它们的广大从业者和职能人员都参与了商品使用价值的形成和价值的创造。当前我国出现了新型的生产、劳动关系和价值创造与分配关系，这种经济关系是中国特色社会主义建设中出现的新事物。以马克思的商品理论和劳动价值理论为指导，对我国社会主义社会中的新经济关系进行深入地理论分析和实事求是地阐明，将有助于揭示社会主义市场经济中劳动者利益关系的性质及其变动的规律，并为党和政府调节经济运行和生产、分配关系，正确处理社会主义社会人民内部的利益矛盾，构建社会主义和谐社会提供理论

---

① 《马克思恩格斯全集》第26卷Ⅰ，人民出版社，1972年，第165页。

指导。

　　总之，劳动仍然是现代财富生产的原动力，也是财富价值的唯一源泉。在社会主义条件下，为了推进财富创造和价值增值，最根本的是要最大限度地发挥广大人民群众当家做主的劳动积极性。因此"必须尊重劳动、尊重知识、尊重人才、尊重创造"，"要尊重和保护一切有益于人民和社会的劳动"①。为了实现科技跨越式发展和充分发挥科技在财富创造中的功能，要努力提高劳动者的素质，大力培育科学、技术、管理人才，促使拥有高创造能力的精英人才脱颖而出。着力于提高和培育人才就是壮大财富的源头，由此也就抓住了劳动生产率提高和财富创造的根本。

① 《江泽民在中国共产党第十六次全国代表大会上的报告》，2002年11月8日。

努力实现人与自然和谐的科学发展①

社会生产是人与自然之间的物质变换，社会财富创造的另一层面是自然物质的耗费。人类可使用的自然物质存量是有限度的，为了实现经济、社会的可持续发展，要求人们不断革新生产技术，健全经济机制，实行合理地利用自然和节约物（能）耗的生产方式和生活方式，防止和抑制经济发展中的自然物质存量过度耗费，维护人与自然的相协调。在我国工业化快速发展的新时期，解决好经济快速发展中的自然存量过度耗费问题，维护和实现人与自然和谐发展，是贯彻落实科学发展观的重大要求。

一、自然物质是社会财富形成的重要元素

社会生产是人通过合目的的劳动作用于自然对象，改变其原生物质形态和性质，创造出适合人类需要的社会财富。可利用的自然物质——包括资源、环境和生态——从来是进行生产和社会财富形成的

---

① 原载《中国经济问题》2010年第4期。

物质条件和内生要素。

更具体地说，首先，大自然是原生生产资料的泉源。如，土地的丰饶——包括国土面积和肥力——是农业劳动生产率提高的自然基础；地上地下的矿藏、能源的丰饶是工业劳动生产率提高的自然基础，也是某些高技术、尖端产业发展的重要条件；生态资源优越、充裕是当代生态产业和旅游等新兴产业发展的重要自然前提。

其次，自然生态体系是地表资源的支撑条件。良好的生态才能保持气候和温度的适宜，雨量充沛，维护水的供给和土地肥力。良好的生态也是保持多样性生物资源自然生成的必要条件。

最后，丰饶的自然资源，良好的生态、环境，一方面作为自然生产力，它是社会劳动生产率提高的自然基础；另一方面它作为有生命物种的良好的生存环境——包括适当的温度、清洁的空气——是人类的正常生活得以维持和生活质量、享受水平得以提升的自然基础。基于以上论述，社会财富的形成，首先是体现了人的劳动的创造功能；另一方面，自然物质通过作为生产手段——工具和能源——劳动对象、生产场所，以及作为生产环境，是产品生成的自然条件。

既重视财富形成中人的作用，又看到和重视财富形成中自然要素的功能，是马克思对财富理论的重要贡献。马克思基于辩证唯物主义和历史唯物主义的方法论，对社会物质生产活动进行了全面的剖析，他提出了社会生产是"人与自然的物质变换"的命题①，他说："一切财富的源泉——土地和工人"②。他又说："人在生产中……只能改变物质的形态，不仅如此，他在这种改变形态的劳动中还要经常依靠自

---

① 《马克思恩格斯全集》第23卷，人民出版社，1972年，第201~202页。
② 《马克思恩格斯全集》第23卷，人民出版社，1972年，第553页。

然的帮助。因此，劳动并不是它所生产的使用价值即物质财富的唯一源泉。正像威廉·配第所说，劳动是财富之父，土地是财富之母。"①马克思将社会财富形成归结为人和自然"两个原始要素"。可见，马克思不仅阐明了劳动是创造社会财富的决定因素，而且科学揭示人的生产劳动要"依靠自然的帮助"，指出人类劳动生产率中体现有"自然生产力"的功能。

基于马克思阐述的社会财富形成二因素——人类劳动和自然——理论，人们在社会生产过程中，就不仅要珍视劳动，充分发挥劳动创造力，讲求劳动耗费的节约，而且要珍视自然和善待自然，充分发挥自然生产力，讲求自然物质耗费的节约。社会财富形成二因素的理论，也为我们科学地分析当代社会生产与生活中的资源、环境、生态问题，提供了基本理论依据。

二、物质生产中要防止过度耗费自然

生产活动中人对自然物质的利用和对自然物质对象的加工，也就是自然物质（以及自然力）的消耗。基于此，我们应该把使用价值创造和自然物质耗费视为是同一个生产过程的两个层面。为了创造更多更好适合自身需要的使用价值，人类积极推进经济增长，更大规模地变换自然，这样做也就是在强化耗费自然，甚至在做出破坏自然的傻事。特别是人口越是增长，生产规模越庞大，生产能力越强，对自然利用的广度和深度越是扩大，自然物质的耗费量就越加增大。

地球上自然物质并非取之不尽，用之不竭的。恰恰相反，人类可

---

① 《马克思恩格斯全集》第23卷，人民出版社，1972年，第56~57页。

使用的自然物质存量总是有其限度。自然物质有两种类别：（1）不可再生的自然物质。地球上的土地、矿产、生态资源等是一个不变量。土地、矿藏在占用、使用消耗后不会再生；自然生成的生态体系和环境在遭受重大破坏后也难以复旧。（2）可再生的自然物质，如林木、河水、动植物等，它们处在不断的自然再生成过程之中。它们的再生量总是有其限度，而且，一旦其再生产条件、机制遭到破坏就不能实现正常的再生产。如，土地因化肥使用过度而日益贫瘠，林木因过伐而日渐耗竭，草原因过牧而衰败，空气因有害物质过度排放而难以自然滤清，有生命的物种因温度和生态的变化而发生绝灭。

过度耗费自然不仅仅影响生产的可持续性，而且它还对人类的生活环境、生存条件造成威胁。科学家已经指出了二氧化碳过度排放，以其温室效应将会使极地冰山融化，海平面上升和使世界的低地不能居住，关于20世纪地球温度将上升7度的预言如被证实，其对人类生存的影响更将是灾难性的。基于可使用自然物质存量有限性，为了保持生产的可持续性，也为了维护人类的生存条件，要求人类在社会生产和生活中学会合理地利用自然，要防止过度地和破坏性地耗费自然，要争取以最少的自然物质耗费求得最大的经济产出。也就是说，要寻找和实行一种保持经济再生产与自然再生产相协调的理性的生产。

三、历史上的过度耗费自然与资源、环境、生态危机

要实行能保持人与自然相协调的生产并非易事。纵观人类由原始渔猎经济到畜牧经济，经农业经济到工业经济的发展史，可以说人类一直在从事不同形式、不同程度的过度耗费自然的劫夺式的生产。在物质财富大量创造和积累的工业化、现代化进程中，人对自然进行索

取的规模越来越大，生产的劫夺性越发增强，自然物质存量的耗费超越了自然物质正常供给能力和地球承载力，导致了资源、环境、生态危机的出现，它意味着社会持续生产的自然物质条件和人类生存条件遭受巨大破坏。

对历史的反思表明：人类曾经在很长时间内依靠对自然物质的过度耗费来积累财富，促进增长，增进文明。特别是近300年西方现代工业文明的创造，很大程度上是立足于对自然存量的劫夺与破坏之上。但是经济再生产与自然再生产相协调的规律具有不可违抗的"铁则"的性质，尽管人长期无视和在生产和生活行为中肆意践踏这一规律，但这一经济、自然规律还是通过资源、环境、生态"危机"形式表现出来。当前世界二氧化碳过度排放引起的气象恶变、特大水旱等自然灾害频频出现，表明这一经济、自然规律正以一种狂暴的形式表现出来。

对自然物质的过度耗费，既造成社会生产的不可持续性，又使人的生存条件恶化，降低财富使用效果，而且它还带来极其高昂的用于救治各种自然灾害的费用，修复、维护被破坏的环境生态条件的费用，以及治理生存条件恶化引发的多样人类疾病的费用。这是应对资源、环境生态危机的追加社会费用，它形成国民财富的负值，即负国内生产总值，它意味着过度耗费自然物质的经济增长模式中存在的负增长。

实践表明，人类并不能老是从"薄待"甚至"虐待"自然的愚蠢行为中受益；恰恰相反，人类因其对自然物质的过度耗费而付出了沉重代价和遭受到自然的严厉的惩罚。

四、过度耗费自然出现的原因

过度耗费自然物质和掠夺自然的生产方式和生活方式的产生，可以从生产力，经济制度和文化思想三个方面来加以论述。

（一）物质生产力的低下和劳动方式的落后

不能将过度耗费自然物质的人类行为，简单归因于人的对自然的"不敬"和思想认识的落后。人的过度耗费自然的行为，是特定的生产力及其决定的物质生产方式的产物。人类社会发展的早期阶段，由于生产力水平低下、物质装备薄弱，人类为生存所迫不得不采取"竭泽而渔""竭草（场）而牧""竭林而伐""刀耕火种"。即使在当代世界，人们也看见在那些生产力低下的国家和地域，这种劫夺自然物质的生产方式的长期持续。

（二）机器大工业生产技术的缺陷

自然物质过度耗损是机器大生产时代的突出现象。这是由于：（1）18世纪末工业革命以来确立的机器大工业生产方式，以其庞大的生产工具体系和强大的原料加工能力，从而具有高自然资源耗费性质。特别是19世纪末加速发展的重化工业，不仅是高物耗，而且还是高能耗——主要是化石能源的耗费，化工、有色金属冶炼还是高污染的。21世纪20年代以来快速发展的流水线、标准化、大批量的工业生产模式，更进一步加强了生产的高物耗性、高能耗性和高污染性。200多年来的传统机器工业生产方式在西方和全世界的大发展，带来了自然资源和生态的几何级数式的大耗费。（2）作为工业化固有内容的城市化，是高土地占用和高资源耗费的，城市化还带来环境污染和使生态体系遭受破坏。

可见，传统的机器工业技术的高自然物质耗费性质，决定了立足于机器大工业的经济增长伴随着自然物质损耗的强化；在传统工业技术尚未为节约物耗与能耗的高技术取代以前，工业经济的快速发展中自然物质存量的过度耗费和人对自然的过度索取是始终存在的。

（三）过度耗费自然的生产行为的制度根源

我们说机器大工业是形成生产中过度耗费自然物质的技术条件，但是不能将近代经济发展中出现的"滥用自然现象"和人与自然的对抗，仅仅归之于机器大工业技术的缺陷。肇始和突出地表现在近代机器大生产中的自然物质的过度消耗和滥用，从根本上说，是资本主义制度和未加以有效调控的自发性市场机制所造成。

18世纪末以来的西方工业化，是资本主义市场经济机制所驱动的。（1）对地上和地下的自然资源的私人所有制，赋予了资产者任所欲为地滥用资源和破坏生态环境的权力。特别是市场机制固有的强经济利益激励和外部性，造成和驱使私人资本主义企业从事于耗竭资源和破坏环境生态的利己行为。（2）市场机制作用下，稀缺自然要素实现为垄断价格和额外利润，由此进一步驱动私人企业不计后果地对稀缺自然资源（包括野生动植物）的掠夺性的开发。从英国早期资本主义发展中曾经出现的国有森林的破坏，到当代世界工业化、现代化发展中难以遏制的资源大耗损和环境、生态的大破坏，都向人们表明：土地等自然资源的私有制度和不加调控的自由市场作用，驱动了人对自然物质存量的过度消耗和滥用。

（四）观念的迷失和生活方式的畸化

西方资本主义奉行个人利己主义，这种世界观、人生观在现代工业物质文明和物质财富高积累条件下，表现为消费主义泛滥。人们在生活行为上片面追求物质享受和无厌欲望的满足，由此导致超越经济、自然承载力的畸化的消费方式的出现。

当代发达国家的经济是过剩经济。在资本主义固有的基本矛盾和有效需求不足的势态下，刺激消费需求成为维持经济顺利运行的衡常需要，而消费主义则成为一种缓解经济内在矛盾所必要的个人行为方式和意识形态。奢靡消费生活行为被视为有益于经济增长的"德行"，不加节制的甚至是任所欲为的滥用自然的消费扩张，被视为是"现代生活文明"。在市场制度基础上形成的畸形的消费文化，造成非理性的消费行为的泛滥，由此加剧了社会生活中对自然物质的滥用。

可见世界工业国发展中对自然物质存量的过度消耗的加剧，既与传统机器大生产方式和传统工业技术的性质有关，更是社会经济制度与经济机制的缺陷所造成，也与人的思想、观念的迷失和非理性的、扭曲的现代生活、消费方式有关。

五、社会主义条件下，防止过度耗费自然的途径

在20世纪末西方兴起的可持续发展理论的影响下，努力解决生态、环境和资源问题已经成为世界性的探索。在当代世界，尽管拥有经济、科技实力的发达国家在治理污染、保护环境、保护生态上取得积极成果，但是发达工业经济体的增长与自然物质存量有限性的矛盾仍然十分突出。特别是美国畸高的人均能源消费和人均碳排放成为争

取经济低碳化的世界性努力的严重拖累。此外，当前不发达国家正在兴起的工业化大潮，成为加剧全球资源短缺和激化环境、生态问题的新因素。可见，摆脱传统的过度耗费自然的生产、生活方式和发展模式，已经成为21世纪人们必须认真对待的共同的时代课题。

改革开放30年我国经济实现了9.8%的年增长，生产规模不断壮大，当前人均国内生产总值已达3000美元。我国经济持续高增长势态下，对石油铁矿石等资源的需求越来越依赖进口，工业与城市化不仅造成水资源的短缺，而且，对江河湖泊的污染越来越严重，二氧化碳的排放量快速增大，不少地区林地过伐、草地过牧，土壤沙化不断发展。我国快速工业化、现代化发展中，能源、重要矿产资源短缺，生态、环境恶化等问题和经济高增长相伴随的负国内生产总值增长问题日益突出。党的十七大基于科学发展观，提出了争取实现人与自然和谐发展的新理念，把建设资源节约型和环境友好型社会作为今后发展方向。在发展的新时期采取有效措施贯彻落实中央提出的发展方针，切实解决好经济、社会快速发展中自然物质存量的过度耗费问题，努力实现人与自然相协调，才能保持我国经济持续稳定的增长。

在我国社会主义条件下，人们有可能做到科学有度地利用自然，防止自然物质存量的过度消耗。其主要途径如下：

（一）走新型工业化、现代化道路

传统的工业生产方式、工业技术和资本、技术密集性产品的生产，是高物（能）耗性的。为了抑制和减少自然物质的耗费，人们应该在全面认识和评价传统工业化的正负效果的基础上确立"新型工业化"的概念，要把握住"节约物耗""维护生态、环境"这一对核心要求，大力发展高科技和高知识经济。要用高技术改造传统工业技术，推进产业升级，扩大服务经济。要在增大产品科技、知识含量基础上，着力形成和发展资源节约型和环境友好型的绿色经济。也就是：人们应该基于科学发展观，着力于推进工业质量的提升和环境、生态效应的增强，努力探索和走出一条工业快速发展与资源节约、环境生态维护相统一的新路，而不应片面地从事于国内生产总值的追求。

（二）构建完善市场经济体制和经济机制

传统计划体制实行土地——包括地上地下资源——国家调拨使用，从而资源无价格或低价使用，这种资源无偿占用、配给方式，引起高物（能）耗产业的一哄而起，造成众多领域内的公共资源耗竭危机。历史的教训以及当代实践经验表明，要在工业化过程中做到节约资源和维护环境，必须要进行体制和机制构建：其核心是引入市场机制，形成能有效地抑制能耗、维护环境的经济机制。

包括自然物品价格机制，资源有偿使用机制；节约资源过度耗费的税费机制和抑止排放的赔偿、补偿机制；特别是碳排放作价和排放量市场交易机制，等等。当代实践表明，构建起一个有效的经济调节杠杆体系，是实现节制自然物质耗费和维护自然环境的根本之途。

（三）发挥好政府的维护、开发、创新自然财富的功能

在市场经济条件下，为了实现经济、社会发展中人与自然相协调，要充分发挥政府的主导作用。（1）加强政府管理和规制，健全有关节约资源、维护环境的法制和规章，利用行政力量来抑制各种浪费和伤害自然的行为。（2）发挥政府的公共产品生产功能。如国土建设、江河治理、重大灌溉体系修筑、南水北调等，以及生态林、防沙

林等生态、环保基础设施建设，在性质上属于公共物品生产，应由政府来承担和推动。（3）提倡和鼓励理性、文明的生活方式。为了有效地抑制人对自然的过度耗费，还需要根本改变适应西方工业化、市场化要求而形成的"高物（能）耗的现代西方消费和生活方式"。要做到这一点，还需要有群众的思想、意识的转换和绿色自觉性的培育。显然地，社会主义条件下政府的完善的公共治理为实现这一目标提供了可能性。以上三点，表明了在催生、引导绿色高技术经济、社会发展中政府拥有重要职能。

总之，在社会主义条件下，通过适应客观规律的生产方式、生活方式的创新，特别是通过市场体制的发展和机制创新以及政府职能的有效发挥，人们能够把经济快速增长中的自然存量过度耗费这一时代难题解决得更好。

六、深化人与自然协调发展的理论认识

我国已进入经济发展新时期，迅猛的工业化及其带来的自然物质耗费规模的扩大成为我们面对的严峻的挑战。这就要求我们进一步采取有效措施，贯彻落实中央提出的走新型工业化道路，大力搞好环境友好型和资源节约型社会的建设的方针。就思想认识上来说，十分重要的事是要在深刻总结历史的和现实生活的经验教训的基础上，深化党的十七大提出的人与自然和谐发展理念的认识。要站得更高，以更广阔的视野来看待人类生产活动和生活行为中的人与自然的物质变换；要看到生产既是社会财富的创造，又是自然物质的耗损；要认识社会生产既要争取劳动生产率的提高，又要着眼于单位自然耗损率的降低；要认识发展持续的社会再生产必须保持经济再生产的均衡，又

要维护好自然再生产的均衡，还要看到既要维护好短期的人与自然的均衡，又要维护好长期的人与自然的均衡。

从亚当·斯密的经济理论到当代西方新古典经济学，都未能将自然、环境等要素纳入经济理论框架之中，特别是未能对市场经济条件下经济发展与自然物质存量二者间的矛盾做出理论阐述。西方古典经济学，作为资产阶级的意识形态，回避了对近代、现代西方大工业发展中人与人的关系的阐述，也缺乏对工业化、现代化中人与自然关系的理论分析。

20世纪70年代以来西方产生了有关环境、生态的新经济学和可持续发展理论，对当代经济增长中凸显的人与自然矛盾问题进行了多方面的研讨，分析了资源、环境、生态等问题产生和加剧的原因及其经济、社会后果，提出和阐述了发展资源节约型经济、生态经济，推进传统工业经济向以知识为基础的"绿色经济"的转换等论题。对于西方的现代环保、生态理论，我们应该认真加以研究和汲取其积极要素。

但是国外的有关自然资源、环境与生态的经济学的研究，许多是使用自然科学的能量概念，停留在环保、生态的技术层面，而缺乏制度层面的深刻理论分析；较多强调自然耗竭的灾害后果，而缺少全面的和从根本上加以治理之策；特别是上述现代生态环境理论更大程度上是一种部门的经济学，而尚未上升为政治经济学理论体系。因此，我们的重要任务是，以马克思经济理论为指导，立足于当代实践和我国实践，进行对发展中保持人与自然关系协调的理论研究，构建和书写出马克思主义的经济、社会持续发展的新篇章。为此，我们需要深入研究与发掘马克思有关人与自然关系的论述和卓越思想。

马克思提出了社会生产二重性的论题。他提出物质生产一方面是人与人之间的关系，另一方面是"人和自然之间的物质变换"①的重要命题。马克思基于历史唯物主义的方法论，揭示了社会生产中人和自然二者之间相生相克的关系，提出了人依据经济规律和自然规律，自觉调整和控制人和自然之间的物质变换的思想②。

马克思的经济学并不是单方面研究生产中人与人的关系，即生产的制度结构层面，而且也深入研究了生产中的人与自然关系层面。马克思考察了人类社会发展史中劳动方式——从渔猎、畜牧、农业、手工业到机器生产——的演变，揭示了劳动工具进步及科学技术进步对"人与自然之间的物质变换"的影响。马克思深入考察了资本主义租佃农业的掠夺地力的性质，他举出了英国资本原始积累和工业化、城市化过程中发生的大量耕地和国有森林被消灭和农业归于衰败的现象，指出资本主义生产"破坏着人和土地之间的物质变换，也就是使人以衣食形式消费掉的土地的组成部分不能回到土地，从而破坏土地持久肥力的永恒的自然条件"③。在这里，马克思已经精要地指出社会持续的再生产的内在机制是保持人从生产中占用的自然物质的能量与从消费中回归于自然物质能量相适应，从而阐述了经济再生产必须与自然物质再生产相适应的经济学原理。

可见，马克思不仅深刻揭示了资本主义社会制度固有的矛盾而且也揭示了资本主义大工业带来的人和自然相互关系中的深刻矛盾。他在19世纪提出和阐述的社会生产是人和自然物质变换的重要命题，他对资本主义工业化过程中猖獗的劫夺土地、过度占用和消费自然的

---

① 《马克思恩格斯全集》第23卷，人民出版社，1972年，第202页。

② 参见马克思《资本论》第一卷第五章。载《马克思恩格斯全集》第23卷，人民出版社，1972年，第201页、208页、209页。

③ 《马克思恩格斯全集》第23卷，人民出版社，1972年，第552页。

主体行为所作出的论述，为20世纪中后期世界范围内出现的资源、环境、生态危机和人与自然间对抗这一突出的"现代化"现象，做出了前瞻性的理论阐明。

我们还需要提到恩格斯对英国工业化凯歌前进时代发生的森林的大砍伐和自然条件的大破坏所进行的评述。他说："美索不达米亚、希腊、小亚细亚以及其他各地的居民，为了想得到耕地，把森林都砍完了，但是他们梦想不到，这些地方今天竟因此成为荒芜不毛之地，因为他们使这些地方失去了森林，也失去了积聚和贮存水分的中心。阿尔卑斯山的意大利人，在山南坡砍光了在北坡被十分细心地保护的松林，他们没有预料到，这样一来，他们把他们区域里的高山畜牧业的基础给摧毁了；他们更没有预料到，他们这样做，竟使山泉在一年中的大部分时间内枯竭了，而在雨季又使更加凶猛的洪水倾泻到平原上。"①

在19世纪末期英国学者为人在机器大工业时代取得利用和"征服自然"的奇迹而尽情喝彩时，恩格斯则针对人类的非理性行为，用自然哲学的话语方式发出了警示。他指出："我们不要过分陶醉于我们对自然界的胜利。对于每一次这样的胜利，自然界都报复了我们。"②恩格斯要求人不要将自己视为是"外在于"自然的、更不是"超自然"的存在。他说"我们连同我们的肉、血和头脑都是属于自然界，存在于自然界的"③。恩格斯强调了"人类和自然的一致性"，要求人们"认识到自身和自然界的一致"④。恩格斯不仅从自然哲学的理论高

---

① 《马克思恩格斯选集》第3卷，人民出版社，1972年，第517~518页。
② 《马克思恩格斯选集》第3卷，人民出版社，1972年，第517页。
③ 《马克思恩格斯选集》第3卷，人民出版社，1972年，第518页。
④ 《马克思恩格斯选集》第3卷，人民出版社，1972年，第518页。

度，阐明了人和自然的同一性和相生性，而且，基于现代自然科学和社会科学的研究成果，指出人是在长期社会实践中发育、成长的有高级思维能力的动物，人对待自然之所以比动物强在于人"能够正确的运用自然规律"。恩格斯在这里从人能自觉与自然相协调的角度对人的本质做出了精湛的阐明。

马克思和恩格斯阐述的社会生产观，既揭示了人类生产活动从属于生产关系的规律，也揭示了人类生产活动从属于人与自然相互关系的规律，包孕着深刻的历史唯物主义哲学思想，是马克思恩格斯留下的宝贵思想财富。在当前，为了贯彻落实科学发展观，实现我国经济可持续发展，我们需要深化社会主义生产发展中必须保持人与自然相协调的理论认识。我们首先应确立自然是"财富"的观念并将自然作为生产基本要素来进行经济活动的投入产出的分析。还应将合理对待自然纳入道德范畴，由此树立和培育起"善待自然""爱护自然界""珍惜自然"、保护"母亲河"、创新"自然家园"等人类新德行，但是这一切均是立足于历史唯物主义的自然观和社会观之上。其核心是：按照客观规律——经济规律与自然规律——来利用、调节和创新自然。也就是说，人们需要坚持科学地认识自然，而无须回归到自然神灵论和自然崇拜论或是提出什么自然本位论。正是因此，重新学习和深入领会马克思恩格斯有关人和自然的论述，掌握马克思主义的经济理论精髓，将是十分有益的。

科学发展观指引我国走一条
"以人为本"的社会主义现代化新路[①]

　　2002~2012年10年间，中国经济实现两位数的增长，经济总量增长3倍多，由世界第6位上升为第2位，人民收入大幅度提高，文教、科技、事业发展加快，国力大大增强，中国一跃成为世界超级大国。我国经济发展尽管还存在种种问题和矛盾，特别是存在一些深层次问题，但的确成就巨大，有目共睹，人民满意。

　　史无前例的中国10年巨变，不能不归功于马克思列宁主义、毛泽东思想、邓小平理论、"三个代表"重要思想、科学发展观的指引，特别是科学发展理论的指导。

　　科学发展观的形成和发展，是10年来理论建设的最重大的创新，这一理论创新写入了党章，成为我国今后长期建设的指导方针。现在谈我对科学发展观的一些体会。

　　第一，发展为人民，发展依靠人民，发展成果由人民共享，发展

---

① 原载《经济学家》2012年第12期。

为了人民的"幸福安康"，这一新的发展富民理念是科学发展观的重要内容和立足点。在社会主义工业化中，如何做到正确处理好发展中生产与生活、建设与民生、国家富强与人民生活富裕的关系，实现二者高度协调这一根本问题以前未获解决。改革开放后，小平同志总结了历史经验，站在时代高度，把富民理念引入现代化，不仅作为社会主义工业化的目标，而且作为工业化全部进程的本身的要求。这一发展新理念体现在小康概念的提出，和现代化三步走的总体设计：小平同志提出第一个20年，GDP翻两番，解决温饱，实现小康，小平同志说，"小康生活虽不富裕，但日子好过。"明确了将人民生活提高作为发展的目标。科学发展观，则进一步充实了下列内涵：（1）立足于"以人为本"这个意义重大的理论创新；（2）提出发展为了人民、发展依靠人民、发展成果由人民共享；（3）强调实现共同富裕；（4）十六大提出全面建设小康，十八大提出2022年"全面建成小康"，要求GDP及人民收入各翻一番，经济增长与人民收入增长同步。科学发展观要求做到国富与民富并进，"发展为人民""发展惠民""为了人民的幸福安康"体现在整个十八大的报告中，成为指导中国发展的鲜明目标。这将指引中国工业化、现代化走一条民富国强的道路。习近平总书记在就职演说中说，"人民对美好生活的向往，就是我们的奋斗目标"，就是对科学发展观要旨的最浅显明白的阐明。

第二，按照解放和发展生产力的原理，坚持以经济建设为中心，坚持发展硬道理不动摇，是科学发展观的重要要求。10年来，我们抓住战略发展期机遇，排除各种干扰，集中精力，一心一意搞建设不动摇，10年高速增长，实现了中国崛起。中华大地，千城并起，轿车奔驰。高铁建设量大于世界高铁长度总和，10年基础设施建设规模超过西方工业国100年，实现了小平同志关于"社会主义的本质是解放和发展生产力"的阐述和预见。10年来经济高增长与人民收入高增长，实现城市人均收入2万元人民币，农村人均收入7000元。坚持解放和发展生产力，全力把生产搞上去成为科学发展的重要要求。

第三，坚持改革先导，以改革促发展，是科学发展的重要方针。要做到解放和发展生产力，首先要坚持市场导向的经济体制改革，完善社会主义市场经济，同时推进全面的改革，彻底破除束缚生产力发展的生产关系和上层建筑。十六大以来，奋力推进了各个领域的改革，促进了经济市场化、国际化，初步形成社会主义市场经济体制。改革开放，带来了黄金10年生产力的"喷泉一样涌出"。十八大报告中"改革"这个词提了近90次，表明坚持改革开放不停步，是科学发展观的重大内容。

第四，正确处理发展中又好又快的关系是科学发展的重要要求。十六大以来强调既要最大限度利用好战略机遇期，加快发展，实现高增长，又要切实关注发展质量和经济效益，实现数量、质量的统一。中央最先提"又快又好"，后来提"又好又快"，均是不同条件下数量、质量相统一的发展要求。十八大依据在当前国际国内条件，要求着力加快发展方式的转变，加快产业升级，实行创新驱动，依靠科技进步提升经济竞争力，并要求人们改变"唯GDP论"的流行观念，切实在发展方式转变和国民经济质量提升基础上，实现稳定的较快增长。特别是当前要做好"稳"中求进，不追求双位数的发展。

第五，民生优先，加快社会事业发展，是科学发展观的突出内容和亮点。80年代以来大改革大建设起步时期，出现社会事业发展和公共产品生产与供给滞后，表现了发展不平衡、不协调，10年来提出民生理念，着力提高人民收入，大力发展公共产品生产与供给，着力解决学有所教，劳有所得，病有所医，老有所养，住有所居，当前95%

的农民和城镇人口有了医保和社保，近年来大力解决住有所居，城市公租房，保障房年建设200多万套，"十二五"规划中的保障房规划是世界各国中规模最大的建设项目。中国已建立覆盖城乡的社会保障体系，中国正在向保障和福利充分的社会主义市场经济迈进。

第六，更加关注社会公正和共同富裕是科学发展的重要理念。实现社会公正是社会主义本身的要求，解决发展中收入差距拉大、实现共同富裕，分好蛋糕，是科学发展的重要内容。当前城市人均收入2万元，农村人均收入7000元，农民消费为城市1/5。在发展市场经济和现代化转型中收入差距拉大是难以避免的，科学发展要求实行、搞好有效调控的市场经济，加强政府的分配职能，搞好分配制度改革。要采取抑高、促中、拔低的政策措施，并且着力加强社会福利事业，与此同时大力推进政治体制改革，努力抑制收入差距扩大化和发展社会公正。十八大报告以近3000字论述中国特色社会主义政治建设，表明了党中央推进政治体制改革的决心。

第七，大力解决好地区间、城乡间发展不平衡，是科学发展的另一重要内容。10年来，推进了西部大开发，制定了西部、中部以及各个次区域的发展规划。中央对各地发展进行了政策、资金、人力的支援——包括四川等地的灾区重建，援藏援疆的工程。尽管东部经济发展水平仍然大大超过西部，但2009年以来西部一些地区引入投资，以及GDP增速出现超过东部的情况，四川2011年、2012年GDP增长12%以上，发展中东西部差距扩大的趋势得到抑制。

第八，加强生态建设，改善人的生存环境和提高人的生活质量是科学发展的重要要求。十八大把生态建设，作为经济、社会、文化、生态、政治的五大建设一个重要方面和突出地位，提出建设"美好家园""美丽中国"的全新而豪迈的命题。

生态文明建设已写入党章。指出，"建设生态文明，是关系人民福祉、未来的长远大计。必须把生态文明建设，融入经济建设、政治建设、文化建设各方面和全过程，坚持生产发展、生活富裕的文明发展道路，努力建设美丽中国，实现中华民族永续发展。"这一新论述，着眼于使经济发展与保护生态并进，实现人与自然相协调，是现代可持续发展观的新发展。

第九，加强社会主义文化思想建设是科学发展的重要保证。通过社会主义文化事业和文化产业并举，解放和发展文化生产力，促进社会主义文化大繁荣和科学大发展，是科学发展观中的十分重要的内容，也是科学发展的重要保证。多年来，我们在发展社会主义文化事业和发展文化产业中取得不小成绩，但还要继续努力，不断地加强文化产业为的软实力和全面推进社会主义文化思想整体建设。

第十，加强教育事业的发展，促进人的素质提升是科学发展观的一个重要内涵。大力提高人民的文化科学知识水平和思想道德素质，促进人的全面发展，这是建立良好的市场经济的根本条件，也是保证今后一代代人实现社会主义发展长远目标和坚持共产党先进理想的根本条件。搞好着眼于人，着眼于人的全面发展，着眼于全民素质提高的大教育应该是科学发展观的重要内涵。

归结起来，科学发展理论，立足于以人为本，着眼于全面协调可持续发展，要求实现社会主义建设中重大的、不同的领域之间互相协调、互相匹配、互相促进，实现一种全面、协调、可持续发展。这是一种能更好满足人民多样需求，最能提升人民"幸福安康"的"以人为本"的现代化发展新路，这条道路，适应了中国特色社会主义的要求。

　　党中央提出了并清楚阐述了科学发展理论，提出了今后贯彻落实这一理论的方针大计，我们应深入开展对十八大精神的学习和理解，做到真正在各自工作中，按科学发展观办事。我对十八大以后中国满怀期待，中国的事一定会越办越好，对此我怀有充分的信心。

论科技创新①
....

　　科技创新是时代的大趋势。当前以美国为策源地和发达国家为中心的科技创新活动仍然方兴未艾、势头不衰。世界各国均在致力于科技兴国，或者是以科技新发展来扩大其霸权，或者以科技强势来占领国际市场，或者以科技进步来维护民族经济。面对上述世界政治、经济形势，加快科技创新是我国的一项最最紧迫的任务，是提升我国企业竞争优势、强国富民的根本前提。

一、科技与科技创新的含义

　　进行科技创新，首先要弄清"科技创新"一词的含义。为此先要阐明科技的内涵。我们把科（学）技（术），规定为三个层面：（1）有关科技的知识；（2）体现了科技知识的物质生产技术条件；（3）适应于（1）和（2）的劳动方式和劳动技能。科技知识首先是指自然科学的基本理论和应用学科的理论知识。处在社会经济某一特定阶段

---

① 原载《改革》2001年第1期。

的人们总会通过生产实践经验的积累和科学研究，形成和积聚一定的与现实生产力相关的自然科学的基本理论和应用学科的理论。例如17世纪的牛顿力学理论，18世纪的蒸汽发动技术和机械技术理论与应用知识，成为第一次工业革命蓬勃发展的理论基础。20世纪出现的量子力学、核物理、光学、声学、空气动力学、分子生物学等新理论及高新技术应用知识，是世纪末某些发达国家生产力新发展的理论基础。

科技进步，始发于基础理论的创新，然后是应用知识的进步，以上二者引致生产的物质技术条件——生产手段和劳动对象——的创新。

科技的最重要的表现是使用于生产的物质技术，即劳动工具和劳动对象，科技知识的进步，新理论、新发明，总是要转化和体现在用于生产的物质技术手段上。18世纪以来的自然科学的进步，结出了机器生产的物质技术之果；20世纪后期的原子核理论、信息理论、光学、生物分子理论等，结出了当前的信息技术和其他高科技之果。不断把科技新知识转化为新的物质生产技术，用来开发新产品，是市场主体组织研发活动的直接目的，而测定一国科学技术的水平和优势，不仅要看拥有的创造发明的专利的数量，更主要地要看在生产中使用的物质技术设备的质和量。更具体地说，要看拥有的物质设备的技术含量，而在知识经济时代，首要的是看物质设备的信息技术和其他高科技含量。

物质生产手段总是要由人来加以使用和进行合目的的营运，从而需要形成相应的劳动方法和劳动技能，后者是表现为劳动形态和人力形态的技术，它是物质生产条件转化为产品的必要条件。例如，与手工工具相适应的是传统手工工艺和劳动技巧，与现代物质生产手段，特别是当代计算机技术和其他高科技相适应的则是现代智力化的熟练劳动和高智力研发和管理劳动。

可见，按照上述分析，科学技术知识，生产的物质技术条件，劳动方法和技术，是"科技"一词的三层内涵或要素。以上三者的有机结合的状况，决定了经济的科技生产力或科技水平。以上三者中，有关科学技术的知识是发端和泉源，即"知识为本"。科技知识首先转化为生产的物质手段，科技知识与物质生产手段二者再转化为生产者的劳动方法和技能，上述两个转化体现了科技转化为现实生产力的机制。

基于以上阐述，科技创新也就是：（1）科技知识的创新；（2）生产的物质技术条件的创新；（3）人的素质和劳动技能的创新。既然科技是以"知识为本"，那么在科技创新中知识创新就具有决定性的作用，它是科技创新的起点和泉源。人们可以看到：（1）科学技术创新的进程，或创新路径的选择；（2）科技创新的势态，例如是渐进的或是跃进的，是小范围内的或是大面积的；（3）科技创新的性质，例如是一般工业技术创新，还是信息技术创新和高科技创新。以上三者，从根本上均是取决于科技知识的状况和水平。

科技以知识为本意味着创新的最终主体是人。知识本质上是人的智力活动的成果，人的智能具有汲取原有知识和创新知识的神奇的功能。尽管信息经济时代的智能机也拥有不断增大的知识生产能力，但它永远不能取代人的高级智能功能和取代人的智力源（本）的地位与作用。

可见，知识为本，知识以人力为本，决定了科技创新首要的是掌握科学与技术知识和进行知识创新的智力劳动群体的培育及其积极性的调动。

二、科技创新螺旋式的发展

科技进步和创新是不平衡的，有时慢，有时快，有停滞不前的时期，也有迅急发展的高潮时期。大体来说，人类社会前资本主义的发展时期是以科技进步的缓慢，甚至长时期内停滞不前为特征。马克思指出，原始人花数个月工夫来磨一支箭，旧石器到新石器的过渡，就经历了上千年。古代和中世纪农业经济中，农民使用的犁，手工业者使用的锤和风箱，长期保持着原始的模样。近代资本主义，以18世纪的工业革命为开端，启动了真正的技术进步带来创新的时代的来临。18世纪末以来世界主要国家科技创新的特征是：（1）尽管创新时快时慢，范围有宽有窄，但是科技创新却是一个不可抑制的大趋势；（2）尽管存在对科技创新的多种制约——经济制度的、经济运行的、财力的、智力资源的——，但科技创新从来不曾停步，而且从长期看，科技创新活动具有不断加强的性质，在一定时期会出现创新在广度和深度上的大扩展，即科技创新高潮，人们将其称为科技革命。18世纪末以来，科技创新经历了四个阶段：第一阶段是1770~1820年，这是以蒸汽技术和机器生产普遍化为特征，蒸汽技术和机器的普遍使用使纺织、冶金、机械等产业成为主导的产业。第二阶段开始于19世纪40年代，是以远洋轮船、铁路和转炉炼钢等技术发明为特征，这些科技创新促使大工业生产在北美、西欧的扩展。第三阶段开始于20世纪初，这是以电力、化工、石油冶炼、汽车制造等领域的技术发明和革新为特征，新的工业技术使现代工业经济发展到更高、更成熟的阶段。第四阶段酝酿于20世纪五十六年代，其主要内容是核能技术发展和计算机技术的初期钻研，80年代以来出现了科技创新的高潮，其主要标志是计算机技术、网络化（因特网）的迅速发展和普遍使用，以及遗传工程、新材料、航天技术、海洋技术等高科技的发展，这一场科技创新大浪潮，被称为"信息革命"。近200年来主要资本主义国家经历的科技创新的历史，表现出科技创新一浪高一浪的发展：（1）创新的知識領域不斷擴大，不是個別學科的單科獨進，而是一系列學科都發生了創新，特別是有重大意義的創新不斷出現。（2）創新的進度加快，新發明、發現幾乎是一項接一項地不間斷地推出。20世紀80~90年代以信息化、網絡化為標誌的新一輪科技革命，以其持續發展和不衰的勢頭，在包括眾多學科和眾多領域齊頭並進和對經濟、社會的深刻影響，從而成為一次前所未有的科技創新大潮。這一大潮的興起生動地表現了科技創新"螺旋"式的發展。①

三、科技創新加速發展的原因——國家科技創新體系的完善

我們在這裡不是從微觀角度考察某一項科學新學說、新技術知識的產生，因為，一個科技弱勢的國家，也可能在個別領域做出科學與技術知識的重要創新。例如第二次世界大戰後蘇聯在核能、航天等軍用領域的科技知識進步是令世界矚目的，日本在戰後70~80年代在家電及其他應用技術知識領域居於世界領先地位，但就總體的科技知識水平和總體的科技創新來說，它們卻並不擁有優勢。可見，重要的是應從宏觀的角度考察總體的科技知識進步和國家科技創新，那麼，我們應該把後者歸之於國家科技創新體系的生產性和功能。

（一）國家科技體系

科技創新體系包括直接從事研發的國家科技體系，以及適應於科技創新和科技成果轉化為生產的經濟體制和結構。國家科技體系，是

---

① 美國丹佛大學圖書館和信息管理研究院David W.Buller說科技創新速度加快，猶如"螺旋形發展"。

指一个国家的全部科技研发结构及其拥有的研发资源，包括被使用的人力资源和物力资源。科技研发的人力资源是以众多学科中以高级科技人员为骨干的研究、开发工作者体系，从事专业的研发劳动，他们生产出科技知识产品——各种发现和发明。我们可以将科技研究、开发工作者体系称之为社会科技大脑。一个国家的经济越是发达，经济实力越强，被配置于研发领域的科技工作者的队伍就越是众多，它意味着国家科技大脑的充分发育。

具有进行重大科技创新能力的高层科技专家，或科技精英，是科技人力体系的骨干，他们的代表是被评选出的和社会公认的专家，在西方国家他们是诺贝尔奖获得者，这一创新人力的顶尖层是在科技队伍壮大的基础上，水到渠成和水涨船高地形成，一旦出现了这种发达的科技人员体系和优化的结构，意味着具有高生产性的社会科技大脑的形成。后者是进行广泛而深入的科技研究和取得众多创新成果的人身条件。

在当代，国家科技体系是以现代的实验室及其复杂的研究手段为其物质基础。我们在这里考察的是现代科技创新，而不是中世纪的家庭实验室内的个人科研活动，这种现代科技精神产品生产，尽管仍然要依靠发明家的创新思维，但是科技活动更依靠现代化的实验。当前的高精尖领域的科技研发活动，越来越需要有强大的、先进的物质设施，如拥有巨大功率的粒子加速器、撞击机、风洞实验设备、激光实验设备，等等，这些高度复杂的、耗资巨大的先进的实验设施是构成社会科技生产体系的物质条件。

可见，进行科技精神产品生产的国家科技体系就是由科技工作者群体形成的社会科技大脑和社会研发实验手段的组合，可以使用如下公式：社会科技大脑＋社会实验手段＝科技发明和创新。这一简单公式表明，一个国家要促进科技创新，必须要大力构建国家科技体系及与其运转相适应的经济体系，而一个国家如果能构建、培育和形成发达的社会科技大脑和建立起强大的社会实验手段，就有了进行科技发明和创新的人才、物质条件。

上述简单公式也表明，国家科技体系是研发人才与研发手段的组合，而人才是第一性的，他是研发活动的主体，是科技精神产品的直接生产者，特别是拥有重大科技创新能力的精英人才，尤为重要。

上述简单公式将有助于我们去观察和认识20世纪世界科技发展的势态：（1）经济发达国家科技进步走向加速，在世纪末期出现科技创新高潮；（2）发达国家中科技创新发展不平衡，经济最发达的大国——美国，成为科技创新成果最多的国家；（3）科技进步与创新中不仅南北差距拉大了，而且在发展经济中取得巨大成绩的新兴国家与发达国家之间，在科技进步上的差距也在扩大。基于以上简单公式，人们也可以看到，当前经济发达国家科技创新的强劲势头，首先在于科技体系的壮大，而当代科技创新能力的国家之间的差距，本质上是国家科技体系的差距，特别是人才的差距，是社会科技大脑的差距，特别是国家所拥有的科技精英的差距。

（二）国家科技创新体系

科技创新体系的概念内涵，有两个层面，除上述科技知识的生产创新的人身、物质体系而外，还包括激励科技知识创新，以及实现科技知识向现实生产力转化的经济制度。

这里，我们提出的适应于科技进步和创新的经济制度概念是广义的，包括所有制、经济体制、知识产权制度，以及与促使科技创新和转化有关的各种规章，以及具体运作规则。

如果更概括地说：适应于科技进步的经济制度，就是市场经济制度。其主要环节是：

1. 现代企业制度与竞争制度

以盈利最大化为目标的现代企业制度和市场竞争制度，决定了企业要把创新（innovation）作为经营之道，因为企业作为追求盈利最大化的主体，要在激烈的竞争中谋取最大利润，只能是诉诸以技术创新为中心的全方位的创新。可见，科技进步的关键和根本，在于形成和培育出盈利→竞争→创新的企业经营机制；后者又在于以盈利最大化为目标的企业制度和优胜劣汰的市场竞争制度的构建，特别是创造出有利于各类企业自由创业和相互充分竞争的，有充沛活力的市场体制，将能大大加强科技创新的势头。

2. 科技精神产品商品生产制度

科技发展史和我国经济建设的实践业已表明，创造发明和精神产品的无偿使用即"共享制"和行政调拨制是扼杀科技进步的。而实行精神产品和科技成果商品化，对其进行市场营运，使多种多样的精神产品和知识形态的科技发明，以商品形式进入市场，科技创新劳动，由此有了交换价值属性并且在交易中转化为创造者收入，这样既激励了科技精神产品的创造，又激励了科技向现实生产力的转化。

科技精神产品的商品化，是人类社会经济发展中一项具有重大历史意义的成就，它把在千百年来的自然经济时代作为自愿提供的、无偿的智力活动与经济利益相挂钩，文学家、艺术家、科技工作者由此能够以其智力成果换取收入，尽管这种行为与价值取向和传统伦理观念不相吻合，但是它却在精神的生产领域引入了经济学的个人物质利益原则，从而真正使从事科技研发的创造性的智力劳动有了利益的驱动，以此为基础，加强社会的、思想的激励机制，就能保持人们持续的创造积极性。人们可以清楚地看见，正是各种智力成果的自由交换制度，孕育和鼓舞了信息经济时代科技智力层的前所未有的创新精神。

3. 专利权制度

专利权制度把科技发现与发明，作为创造者的一定时期排他的占有权①，由此使表现为信息形态，易于传播和无偿被占有的科技精神产品生产，得以引进和构建起主体产权制度，并使科技创新者的利益受到保护。专利权和知识产权制度的建立，是适应知识生产商品化和市场化的需要的重要的市场体制创新，它成为各类智力创新劳动积极性得以调动的泉源。人们可以看见，当代某些发达国家知识产权制度进一步加强，成为促进20世纪末20~30年间科技创新大潮兴起的重要杠杆。

4. 科技创新和经营创新劳动股权制度

赋予重要经营者和科技精英以持股权，使其人力—智力—投入②转化为企业资本投入，这是现代市场经济产权制度创新的重要方面。当代某些发达国家，适应高科技企业创新和发展的需要，经营者、主要科技人员持有原始股权，或购股期权等形式的公司股权制度日益普遍化，这种智力投入转化为企业股权，体现了"知识成为资本"，它对当代不稳定性的和高风险科技劳动以及经营劳动以强利益激励和物质保障。知识资本是知识产权制度的进一步发展，体现了现代市场经济制度的创新和进一步发展，它是硅谷原子裂变式的科技创新出现的重要经济前提。

5. 科技市场制度

科技产品的市场化和科技市场制度的发展，是当代市场制度的制

---

① 美国1790年制定出第一部专利法，迄今美国共授予专利达500万项。
② 现代市场经济中人力投入转化为股权，通过两种形式：第一，智力投入转化为股权，即科技人员和经营者股权。第二，一般劳动投入转化为股权，即劳动股权。

度创新的另一重要方面，这一市场交易制度在有偿基础上促使科技知识产品和其他各类创新成果的流动化，推动了企业的技术革新，促进引进、消化、自主创新等形式的技术革新和经营创新，其表现是企业研发活动和智力生产的加强。当代大企业不仅仅生产物质产品，而且越来越致力于创造专利、商誉等形式的精神产品。世界500强这样的现代的大企业，无一不把科技研发作为核心的部门，并保持充分的研发（R&D）费用①，企业不仅制造物质产品，而且生产和出售研发的专利权、品牌、商誉等知识产权。可见，技术市场一方面使科技产品的生产从属于市场机制，使市场成为配置科技资源的重要手段，另一方面，市场激活了企业间在技术革新上的竞争，由此，推动了新科技的进步和向现实生产力的转化。

6. 风险投资和资本市场体制

现代市场经济是金融驱动和支撑的经济。金融体制的创新在现代科技创新中的作用越来越大。产品周期短，更新加快，从而投资与经营风险大的高科技产业的发展，有赖于投融制度的创新。适应信息革命而得到发展的风险投资制度和创业板市场制度，支撑着高科技产业的发展，和有力地推进了当前的科技创新，已经为发达国家的经济实践所证明。

综上所述，科技创新与经济制度的创新不可分，具体地说与市场经济制度的发展和完善不可分，商品化、市场化、开放竞争、加强金融支撑，更是当代高科技创新浪潮的制度基础。尽管资本主义市场制度以其少数人的财产垄断，不利于科技创新劳动积极性的调动，人们可以看见，在垄断统治领域，许多创造发明被束之高阁，技术进步受

---

① 发达国家制造业大公司的研发（R&D）费用往往占销售收入的7%~10%。

到不良的社会制度结构的抑阻。但是资本主义国家从工业革命以来，在激烈的经济社会矛盾与冲突中，仍然进行了一系列制度结构的调整和创新，构建了被称为科技创新体系的制度结构。当代的发达国家形成的科技创新体系既意味着发达的国家科技体系的形成，又意味着适应于科技进步和"转化"的经济机制的形成。生产力发展需要生产关系的结合，科技创新需要经济体制的适应和优化，良好的经济体制和机制使创新活动受到激励，促使知识形态的科技创新向物质生产力转换。实践表明，正是发达的和完善的国家科技创新体系的形成，才使科技创新风起云涌。

我们需要进行冷静的经济学历史反思，我们可以看见，作为文明古国的中国，很早就取得不少科学技术的重大发明，如指南针、活字印刷术和火药等，但是中国的古代发明家的杰出的创造发明，未能取得充分转化为现实生产力的效果。始于宋代的活字印刷只是使用于小手工业式的刻字作坊，而未能形成一个兴旺的印刷产业，特别是中国4000年前就达到很高水平的金属冶炼技术，未能得到推广和发展；中国西周迄至20世纪初2000年多年间，农业经济时代的传统手工技术长期保持不变，技术进步停滞不前，在我看来，其原因不是由于东方人缺乏科学抽象的思维能力①，关键在于缺乏技术进步的制度基础：市场经济制度。

---

① 杨振宁博士2000年在香港作的一场学术报告中，提出中国中古学术思想发展的一个特点是抽象思维发展的不足，后者不仅表现在文史哲学科中，而且突出表现在数理学科中。爱因斯坦在对李约瑟的中国科技史一书的评述中，也提出上述观点：他认为尽管中国的重大科技发明，早于西欧500年，但中国人未能做出欧几里得几何学和牛顿力学这样的科学成果。

论服务劳动[①]

　　服务从来是人类劳动的一种形式，在以分工为基础的市场经济中服务业是产业结构的有机组成部分，在发达的市场经济中，商业服务、金融保险服务、邮电、交通服务，及各种生活消费服务快速的发展，并且在经济运行中起着重要作用。当前世界正在进入的知识型经济中，信息服务更是在经济、社会大范围中迅速发展。

　　服务业在世界发达国家国内生产总值和就业量中已占2/3左右，成为最大的产业部门，服务经济对物质生产和居民消费生活，以及市场经济的运行，社会全面发展起着越来越重要的作用。这一切表明，当代市场经济越来越显示出服务经济的特色。在当前我国正在进行的国民经济结构的战略性调整中，大大加快服务业的发展，已成为迫切的需要。服务在现代经济和我国社会主义市场经济中日益重要，但是有关服务的若干理论问题尚未深入加以阐明。"服务末流"论的陈旧观念仍然十分浓厚，不少人把服务劳动视为"下品"，一些人不情愿到服务行业就业。可见，对当代服务经济快速发展中出现的新情况做出理论的阐明就是十

[①]　原载《经济学家》2001年第6期。

分必要的。本文将就社会主义市场经济中服务劳动的性质、服务是不是商品、服务劳动创不创造商品价值等问题进行研讨。

一、服务是发达市场经济中生产劳动的重要形式

服务劳动是以提供非实物的，不能储存的有用效果而区分于物质生产的。马克思说："纯粹的服务它不采取实物形式，不作为物而离开服务者独立存在……"[①]从古典的服务如家仆的家庭服务，到现代的服务，如歌星的演出服务、商业销售人员的买卖服务、经济学家的咨询服务都表现为一种非实物的有用效果。歌星的演唱不论是有多么动人的效果，但它毕竟是一种活生生的劳动，歌唱效果是随唱随逝的，不像制鞋匠的劳动会在鞋子这一物质、实物产品中留下劳动的痕迹。亚当·斯密说服务"是随生随灭的……不固定亦不实现在任何可卖商品上"[②]。

服务是从物质生产中派生出来的。服务劳动为生产、交换、分配、消费等活动提供便利，从而提高生产效率和生活福利，有利于经济运行。在资本主义市场经济中服务业是迅速扩展的部门。资本主义市场经济的初始阶段的服务主要是较为简单的生活服务。马克思在《资本论》和《剩余价值学说史》论稿中经常提到的是侍者、马车夫、厨师、女仆等提供的家庭服务，以及医生、簿记员、商业从业人员的服务。在当代发达市场经济中，除了包括饮食、旅游、影视、文娱、医卫等全方位的生活、休闲服务外，还存在包括电讯、运输、仓

---

① 《马克思恩格斯全集》第26卷Ⅰ，人民出版社，1972年，第158页。
② 亚当·斯密：《国民财富的性质和原因的研究》，商务印书馆，1979年，第241页。

储，以及各种经济咨询以及技术设计等在内的发达的生产性服务，此外，还有高度发达的商业服务和金融服务。而在当前初见端倪的知识型经济的发展中，人们更看到最新的信息、网络服务的兴起。除此而外，现代服务劳动还包括政府、企业或福利机构提供的各种公共服务，如国民教育、医疗、科研、文化以及有关改进环境、生态等方面的服务。

现代发达的市场经济中，服务的主体组织结构和服务生产方式也出现重大变化。如：（1）现代服务主要是由公司企业来组织和提供而不是个人服务；（2）是以大生产方式——如商业超市、连锁店、五星级大旅馆和连锁旅馆体系、跨国投资基金、证券公司等——来从事经营；（3）业主往往呈现出提供服务和提供物质生产相结合，如新闻媒体、影视企业既提供新闻、电视等服务，还要从事报刊生产、影片光盘制作，等等。

可见，多样形式的服务业的发达，是现代发达市场经济的重要特征。当前世界上发达国家经过了200年的工业化、现代化和产业结构的调整，已经从以物质生产——第Ⅰ产业和第Ⅱ产业——为主导的工业经济，演变成为当前的以服务业为主导的现代市场经济。

二、现代服务的功能

现代市场经济使社会分工高度发展。市场力量推动分工、分业，不仅促进Ⅰ、Ⅱ、Ⅲ、Ⅳ产业的分工，[①]而且促进服务产业内部的分工。当代发达服务业包括：（1）生产性服务，如生产通信、运输、

---

① 本文中把正在兴起的包括科技知识产品和人文、社会科学产品的生产，作为第Ⅳ产业。

维修、仓储、咨询等；（2）休闲、文娱及其他个人生活服务；（3）商业、金融服务；（4）医卫、教育服务；（5）公共服务，如基础设施、城市供水、供电、供气等；（6）政府提供的非交易性的环保、生态等服务。现代服务业已经是一个综合性的行业，它提供和生产多种多样的在内容上和功能上不同的服务产品。

服务在现代市场经济中的积极作用是多方面的。

（一）高质量的服务

当代发达的社会分工，使原先在企业内作为生产过程的内在组成部分的辅助性的服务，成为了独立的专业化的服务。这样的专业化的服务，借助更加强大的物质资本，更充裕的流动资金，更优秀的技术人员和服务人员，从而具有更强大的服务功能，能提供高质量的高度复杂的专业服务。例如科技研发和设计服务，企业管理，金融投资咨询，以及会计师、律师服务，等等。

（二）快速服务

专业化服务不仅可以做到质量高，而且还能做到效率高。借助服务机构的生产和服务功能，它能够在较短时期提供用户满意的服务产品。例如科技机构能按用户要求提供快速的新产品开发和设计。专业服务的高效率，意味着产品生产与经营中时间的节约和生产流通周期的缩短。例如利用设备维修服务与产品设计服务，可以缩短生产周期；充分利用商业服务，可以加快流动资金的回笼。因而，生产性服务和流通服务的发展，起着提高物质生产和精神生产的效率和加快经济流转的功能。

（三）更便宜的服务

购买专业化的服务使企业改变原先依靠内在服务造成的"大而全""小而全"的组织结构，从而降低成本，使企业活动更加集中于"主业"——物质产品生产或精神产品生产。而且，外购的专业化服务，较之企业自身组织的服务，还可以做到成本的节约，从而实现生产的高效率和低成本，由此提高企业的竞争力。

（四）开拓市场、扩大需求的功能

现代的内涵日益丰富的生活服务业的发展和在国内生产总值中的比重的提高，表明了服务业的发展在开拓和刺激消费需求扩大中所起的重要作用。现代商业与金融服务成为开拓市场和扩大有效需求的有效工具。市场经济的初始阶段，由于商业不发达，商业的功能主要表现为促进商品形态变化，即 W—G（卖），G—W（买）的功能。在现代市场经济中发达的商业，以其完善的批发、零售体系，多样的商业组织形式——从专业商店到超市、连锁商店，灵活多样的销售与支付形式，以及将商品销售与休闲及其他服务相结合的经营方式，起着刺激有效需求和扩大销售的作用，并由此成为发达的现代经济的再生产和扩大再生产的重要推动力。在经过产业资本对商业的重组和商业体系的创新和商业营销方式的创新后，现代商业已经充分从属于产业资本的要求，并发挥着下列两大职能：（1）大大提高了价值实现和降低交易成本的功能；（2）大大提升了商业的扩大有效需求、促进销售量的功能。在有效需求不足越来越成为经济运行的主要问题的现代资本主义经济中，商业的第二职能——扩大有效需求和销售量的职能越发重要，成为它的第一职能，即价值实现职能的前提。商业职能的这种互相促进的机制，有效地支撑和促进生产的增长。

（五）促进要素合理配置的功能

金融业的发达和金融服务功能的大大强化，是发达市场经济中的一项重要特征。金融的主要功能是货币融通与资本融通。由庞大的商业银行体系、发达的证券市场，以及证券业、保险业、投资基金共同形成的现代金融体系：（1）在微观层面上，对企业、个人提供存贷、投资等多种金融服务，特别是多种多样的现代融资服务，后者是各类企业——物质生产、精神生产、商业、服务业——创业和扩大再生产的前提。（2）在宏观层面上，金融促使货币资本积聚和将储蓄转化为投资，通过这一资本形成的功能，最大限度地动员社会闲置生产资源并且使其转化为现实的生产要素。（3）贯穿于资本市场、货币市场、外汇市场、期货市场以及产权市场上的市场机制，调节着各种金融商品和产权的买卖，它和一般商品市场价格机制相结合，大大强化市场的优胜劣汰的功能，促使资源优化配置。现代发达的市场经济中，金融市场机制已成为市场配置资源的重要杠杆。（4）发达的金融服务，有效地发挥利率、贴现率、证券市盈率等金融手段的功能，在加强货币、资本信用的基础上，它一方面拉动和刺激消费，另一方面拉动和刺激投资，由此起着开拓和扩大有效需求的功能与促进价值实现的功能。

前资本主义的高利贷资本，起着破坏生产，抑阻经济增长的作用，在早期资本主义的金融活动中也充斥着货币经营者掠夺债务人和损害公众的行为。那么，现代金融业则以其多种多样的服务职能，有力地促进物质生产、精神生产、服务生产，扩大商业流通，促进商品价值实现。可以说，产业、金融、商业三者组成了现代市场经济的互相促进的"金三角"，而金融更是现代市场经济的心脏、发达再生产的主要润滑剂和支撑力、高科技经济增长的第一推动力。

三、提供有用效果和实物产品相结合——现代服务的特征

服务如果只表现为提供非实物形态的有用效果，这就是"纯服务"。在实际生活中服务劳动并非完全是"纯粹的"，而往往是与提供实物形态的使用价值相结合。

我们就以那种历史悠久的擦皮鞋服务来说，它往往和修补鞋子结合在一起，洗衣店的洗衣服务和染衣织补结合在一起，饮食服务业的店堂服务和食品加工、烹饪结合在一起。由于修补、织补、烹饪会改变劳动对象的物质性状，使后者获得新的属性，织补好的上衣完全不同于破上衣，精心烹制的菜肴具有菜蔬原料不具有的可口效果，这种服务劳动和直接物质生产劳动没有差别。可见，擦皮鞋匠、饭店厨师、洗染人员，他们提供的非实物形态的服务，也是物质生产性的劳动。马克思十分细致地分析了19世纪英国一些服务劳动者兼有的生产劳动的职能，他指出当时的家庭佣工，"例如厨师、女裁缝、缝补工"等"生产物质的使用价值"①，他们的"劳动有一部分体现在物质的使用价值中"②（重点为引者所加）。

在当代发达的市场经济条件下，服务与物质生产相结合表现得更为鲜明。现代服务业，采取公司组织形式，使用现代物质技术和实行服务产品大生产，包括派生的物质产品的大生产。我们以现代化的快餐店为例证。快餐店既提供快餐食品，又提供店堂休闲服务及儿童休闲服务，如麦当劳的主要产品汉堡包和薯条等就是物质生产品。现代化旅馆的餐厅，被服洗涤等服务也带有物质生产性，而且，具有一定

---

① 《马克思恩格斯全集》第26卷Ⅰ，人民出版社，1972年，第150页。
② 《马克思恩格斯全集》第26卷Ⅰ，人民出版社，1972年，第158页。

的生产规模。当然，它是一种附加的物质生产。快餐店体现了服务劳动与物质、实物生产性劳动的结合，一般店堂服务员和从事餐饮制作的厨师一样，都是企业"总体工人"的一员，他们提供有用效果的服务劳动，也具有创造价值的功能。

还需要指出，现代科学技术创造了一种兼有提供非实物有用效果，又生产实物、物质产品的新的服务经营形式。现代的影视、录像、录音技术，使演员舞台现场表演记载在电影、电视胶卷中，特别是在当代信息、网络技术时代，各种文化、体育、娱乐场所的有声有色的表演均被摄像并储存在计算机光盘内。现代文化服务企业在组织一场音乐演唱活动时，就可以将提供非物质形态的服务，例如组织帕瓦罗蒂两个小时的演唱欣赏会和进行物质产品生产——录像录音和音乐光盘的制作相结合。为此，企业除了雇请音乐演唱家外，还要购置物质设备和雇用各类生产工人，即建立一间音乐光盘生产厂，在音乐晚会演唱的歌唱家也是生产光盘的工厂"工人"的一员。上述将服务与物质生产相结合的经营方式下，服务这样的提供有用效果的劳动，也就获得了一种物质载体，原先的"随生随灭"的音乐演唱有用效果变成了实物产品和可储存、可持续使用和转让之物。可见，现代技术，特别是信息技术改变了服务的性质，服务劳动得以凝结和保存在实物对象之中，这种性质的服务劳动，和其他物质生产性劳动不存在任何差别，无疑具有创造价值的功能。

信息、网络技术操作是一种现代的物质生产，后者以计算机操作人员为主体，以计算机、网络设施为生产手段，而以收集、整理和交换的信息为产品。信息产品的原生形式是数码，其转化形式是图、文、声等，这是一种用来作为研发、决策和管理的工具的现代物质产品。信息化把信息产品的生产引入制造业，也引入现代商贸、金融、旅游、教育等产业，以及精神生产领域。现代服务产业不仅仅要提供各种非实物形态的服务，而且还要通过企业内专设的信息部门，进行信息技术操作，即信息产品的生产和传输，并以此来促进服务产品的生产。这也表明，物质性生产成分的扩大及其与提供有效服务相结合，是当代生产力发展条件下现代服务的特征。

总之，服务业的发展走了一条将提供有用效果和进行物质生产相结合的道路。马克思基于19世纪的资本主义初始阶段的现实情况，指出这些服务劳动者只"有极小部分能够直接参加物质生产"[①]。20世纪以来，随着科技的进步，特别是信息化的发展，服务业都实行了把提供服务和进行物质生产相结合，或是将提供有用效果和生产物质产品结合在一起，可以说，大部分的服务都与物质生产有关，只提供有用效果的纯粹服务是越来越稀少。服务劳动和物质生产性劳动紧密结合，互相渗透，依靠物质性生产劳动，加强和放大服务效果，已经成为发展的大趋势。

基于上述情况，我们应该正视现代服务业中包孕的物质性生产增强的特征，充分注意到服务劳动和物质生产劳动的结合和交融是现代劳动的新特征，并且要立足于这一新情况来探讨和阐述劳动价值理论。

四、服务是商品，有使用价值和价值

商品是在市场交换的、有使用价值和交换价值的"物"和"对象"。马克思说"服务就是商品，服务有一定的使用价值（想象的或

---

① 《马克思恩格斯全集》第26卷Ⅰ，人民出版社，1972年，第150页。

现实的）和一定的交换价值"①。服务商品的特征在于它的使用价值，表现为一个非实物的、非固定形态、随生随灭的有用之"物"或"东西"。马克思引用斯密的论述："'服务一经提供随即消失'，不固定或不物化在一个'耐久的（换句话说，"特殊的"）对象或可以出卖的商品中'（在这些服务本身以外）。"②由于人既有物质生活需要，又有精神生活需要，因而，不仅需要生产具有物质、实物形态的产品，而且需要提供和生产具有非实物形态，只是作为一种有用效果的产品。特别是社会越发达，科技越进步，越加需要科技知识产品；人的多方面精神文化需要的增长，越加需要有多样的精神产品；现代人的丰富的日常生活需要的满足要求有多种多样的服务产品。可见，使用价值表现为有用效果的商品越发增多，在商品世界中所占的比重越来越大，是现代市场经济发展的必然趋势。

服务商品是具有交换价值和实际参与市场交换的对象。就服务提供者来说，它表现为W—G（服务产品—货币），在形式规定性上歌星的出让演出服务商品和服装生产者出售一件大衣（大衣—货币），没有两样。但问题是服务产品的交换价值，即它交换得来的货币，是否有内在的价值，即服务劳动形成的价值呢？

在19世纪中叶的英国资本主义经济中，服务业还未充分从属于资本，在服务中的物质性生产成分还是"极小部分"③的情况下，以及在非实物的有用效果的服务劳动主要是作为家庭服务和不生产出可交换商品的情况下，马克思将上述雇主家庭服务视为是非生产劳动，并认

---

① 《马克思恩格斯全集》第26卷Ⅰ，人民出版社，1972年，第149页。

② 《马克思恩格斯全集》第26卷Ⅱ，人民出版社，1972年，第158页。

③ 《马克思恩格斯全集》第26卷Ⅰ，人民出版社，1972年，第150页。

为它不"作为价值组成部分加入某一商品"①，这完全是合理的。但是社会经济的产业结构是不断发展变化的，在当代经济中服务业已经是一个最大产业。服务生产方式也是不断发展变化的，在当代服务的物质生产内涵已大大加强，服务劳动与物质、实物性生产劳动已进一步互相交融。特别是在社会主义市场经济的新的制度和机制背景下，进一步探讨当代服务在价值形成中的作用就是十分必要的。

传统的经济理论和计划经济的实践是将服务作为非物质生产的劳动，并把服务业作为附属于物质生产的部门，在传统的国民经济核算体系中服务业的收入是作为物质生产部门创造的价值的再分配，显然地，这些理论已不符合社会主义社会的实际。

在对待服务产品上，社会主义政治经济学教科书流行的观念，是认为服务只有价格而无价值，这种习常的观念来自片面的"劳动物化观"，即只有创造物质、实物形态的使用价值的劳动，才能"加进"商品体中去，才能"凝结"为和"创造"价值。基于这一观点，服务部门只是由于价格机制，即只是通过工业让利的价格而分得了一部分物质生产部门制造的价值。这种结论难以说明当代发达市场经济服务劳动者在就业中占有70%的比重条件下的总商品价值形成过程，更难以说明社会主义市场经济中服务劳动的性质和在总商品价值形成和流通中的作用。在社会主义市场经济的条件下，应该深入研究纯服务劳动的性质，特别要研究纯服务是否具有创造价值的功能，这是社会主义政治经济学研究不能回避的一个重要课题②。

服务劳动不仅具有交换价值而且也具有创造价值的功能。根据现

---

① 《马克思恩格斯全集》第26卷 I，人民出版社，1972年，第158页。
② 我国学术界一些同志结合这些情况，论述了服务劳动也具有创造价值的功能。李江帆《第三产业经济学》中有很好的阐述。

代服务的新特点和社会主义社会服务业的性质，我认为，肯定服务劳动拥有的价值创造功能是合理的。

（一）服务束中劳动的关联性和服务劳动创造价值的功能

对纯服务劳动的价值形成功能，可以从服务与物质、实物性生产相关联的角度来加以论述。

服务业带有综合性，它表现为提供若干相关联的服务产品，或服务束（service bundle）。例如饮食服务业提供主餐、饮料、影视、音乐演奏甚至舞蹈表演服务。服务束可以视为一个整体服务产品。由于上述整体服务产品中包含有物质生产品——食品烹饪，因而，可以把形成总服务束的各种服务劳动，视为是一齐物化于作为主要产品的物质、实物生产品中。换一种说法是作为主产品的食品价值中还包括有由其他服务形成的附加价值。可见，价值的形成和对象化，应该作为一个经济过程来理解，在服务业中，价值的形成更应该放在一系列相关联服务的生产链中来加以理解。在这里，人们不应该认为侍餐服务劳动这一转瞬即逝的"活生生的劳动"单独形成价值，而应看到这一劳动是加入到相关联的产品中，即他为顾客端送的食品的价值中。

需要指出，服务劳动形成附加价值，并不意味着在产品价值形成中服务只是起次要的作用。如果说，不发达的饮食服务业提供的主要产品是食品，人们到餐厅主要是满足胃口的需要，那么现代发达的饮食服务业，如高级餐厅提供的主要产品，还包括休闲服务，如店堂设施、家具陈设、墙壁艺术装饰以及灯光、音乐等组成的消费休闲环境，以及名乐队提供的演出服务。在某些场合，文化休闲服务成为最主要产品，一些人到高雅餐厅、茶楼去并不主要是满足胃口的需要，而主要是为了满足文化的需要。在上述服务束的价值实体中，主体已经是非实物形态的服务形成的价值——例如名演员的劳动形成的价值，但是这些非实物形态的服务形成的价值仍然表现为食品的附加价值，并出现在餐饮的账单中。也就是说，多样的服务劳动会加入到相关联的实物产品中去并形成和增大实物产品的价值。可见，相关联的产品这一概念为我们指出了现代服务劳动的价值形成的机制。

还需要指出，提出服务劳动物化于相关联的实物产品中的命题，并不是说在服务业中就不必考虑和讲求服务的有用效果，就可以任意地扩大只提供有用效果的服务人员，因为在市场经济中能形成价值的只是那种具有满足有效需求能力的必要的服务，或有效的服务束。使用必要的厅堂服务人员可以提高服务周到性，聘用名演奏家可以提高休闲效果，但是服务员"成堆"、不适合餐厅的舞蹈表演和震耳欲聋的乐曲，会产生一种服务负效用，而且，它形成高成本，往往为企业带来亏损。这表明，服务劳动的不必要的耗费，不能物化在相关联的实物产品中和形成价值。亚当·斯密有一段论述，他指出，资本用于农业、制造业、商业、零售商业四个方面的人员，包括商业服务人员，"他们的劳动，如果使用得当，会固定和物化在它所加工的物品或商品上，通常至少也会把他们维持自己生活和个人消费的价值加在商品的价格上"①。可以说，使用得当的、形成有效的服务束的服务劳动量，会参与整体服务产品的形成和价值的形成。

（二）服务是一种实际的使用价值

进行服务，意味着提供某种具体化的、活生生的劳动，或进行式的劳动。例如一场2小时帕瓦罗蒂演唱会，在这里演唱会主办者提供给

---

① 《马克思恩格斯全集》第26卷Ⅰ，人民出版社，1972年，第271页。

听众的是歌唱家帕瓦罗蒂2小时活生生的演唱劳动，对于听众来说，这一演唱服务具有满足他们精神需要的使用价值。另一方面，这是一场商业性演唱会，演唱服务也具有交换价值，是商品，听众购买和欣赏演唱服务和他买一件衣服、一本书没有本质的差别。不同的是，帕瓦罗蒂提供的演唱服务是一种随生随灭、不留下物质痕迹的使用价值，不表现为实物形态的产品。但是服务使用价值的这一特点并不妨碍它是现实的使用价值。这在于：

第一，这里生产出一个具体的音乐产品：（1）按照歌词和曲谱要求的歌唱表演；（2）表演者看得见的形象和能感知的感情。以上（1）和（2）使它成为听得着、看得见的"演唱物"。

第二，这里生产出"运动中的使用价值"。服务"是以活动的形式提供使用价值"①，尽管服务是"随生随灭的"，但它毕竟是一种表现为"运动形式"②的使用价值和使用对象。而且现代服务如广播、影视服务，既具有"运动形式"，又兼有物质、实物形式。

第三，这里既生产出使用价值又实现了使用价值。使用价值实现在主体的消费中。由于买票的听众从演唱中获得了极大的审美享受和精神上的满足，这意味着"演唱物"被消费，使用价值得到实现，如同在餐厅用餐使食品的使用价值得到实现一样。

以上三点表明，尽管演唱这样的"服务产品"是"不作为物而离开服务者独立存在"③，但是它毕竟是一个客观的、现实的存在和消费对象，是实际的和得到实现的使用价值。尽管在一些经济学家的思维中还把演唱以及其他的、多种多样的表现视为非实物形态，没有"留

---

① 《马克思恩格斯全集》第46卷，人民出版社，1979年，第464页。

② 《马克思恩格斯全集》第46卷，人民出版社，1979年，第464页。

③ 《马克思恩格斯全集》第26卷，人民出版社，1972年，第158页。

下物质痕迹"的服务排除在"生产品""物""东西"之外，但是现实经济生活中，在广大文化消费者眼目中，它却是具有"有用性"之物，特别是对那些追星歌迷来说，是具有极大"有用性"的"对象"，是切切实实的使用价值。基于上述分析，服务劳动提供出"有用性之物"——现实的使用价值，用经济学的表达方法，它提供和生产出一个具有使用价值的具体的服务产品，体现在这一具体的服务产品中的社会必要劳动耗费——作为服务劳动的补偿——就形成服务商品价值。当然，形成服务商品价值的劳动，不是具体劳动，即他的2小时独特的演唱，而是他这2小时高度复杂劳动所体现的社会必要劳动耗费①。

五、正确理解物化劳动形成价值的命题

说服务劳动具有创造价值功能，一些人认为这是奇谈怪论，在这里人们理论认识上前进一步的障碍，往往在于头脑中的根深蒂固的关于物质生产中的物化劳动才能形成价值的观念。应该说，把"劳动物化"和价值形成完全限制在物质生产领域的论点，并不是马克思的观点，更不是马克思主义的观点。

需要指出，在一百多年前马克思写作《资本论》的过程中，在多数场合是将社会生产归结为物质生产，将商品的使用价值主要归结为物质、实物形态的使用价值，或"商品的物体属性"②。在《资本论》

---

① 高度复杂劳动创造的价值往往是一般劳动所创造价值的高倍数，这也是这种特殊服务劳动产品的高售价的一个原因。当然，产品的自然垄断性及其垄断价格是特殊服务劳动产品高售价的另一方面原因。参见刘诗白：《论科技创新劳动》，《经济学家》2001年第2期。
② 《马克思恩格斯全集》第23卷，人民出版社，1972年，第50页。

第一篇第一章他就做出了"使用价值同时是交换价值的物质承担者"^①的命题，但是马克思根据唯物辩证法的要求，阐述了使用价值的广义的含义^②，提出了商品世界还存在多样形态的使用价值。马克思把劳动力作为一种特殊商品，指出它拥有同于一般物质产品的使用价值。他说：劳动能力的使用价值，不"在于它的实际使用价值（重点为作者所加），不在于某种具体劳动的效用，不在于是纺纱者的劳动……劳动的使用价值在他看来就是：他收回的劳动时间量大于他以工资形式支付的劳动时间量。"^③马克思还将货币作为"特殊商品"，将货币的使用价值归结为"流通手段""价格尺度""积累手段""贮藏"等^④。

马克思还将使用价值区分为"实物形式"和"运动形式"两类。^⑤他在分析服务的使用价值时说："只要我花费收入是为了消费它的（劳动的）使用价值，不管这个使用价值是随着劳动能力本身活动的停止而消失，还是物化、固定在某个物中。"^⑥马克思还将产品空间的变化，视为是"使用价值也起了变化"^⑦，他说："在这里，劳动对象发生某种物质变化"^⑧。他又指出："虽然在这里，实在劳动在使用价值上没有留下一点痕迹"^⑨。马克思将空间变化作为产品使用价值变化的论点，表明马克思分析使用价值内涵上采用了广义的方法。

---

① 《马克思恩格斯全集》第23卷，人民出版社，1972年，第48页。
② 《马克思恩格斯全集》第23卷，人民出版社，1972年，第50页。
③ 《马克思恩格斯全集》第26卷Ⅰ，人民出版社，1972年，第147页。
④ 《马克思恩格斯全集》第46卷Ⅰ，人民出版社，1979年，第142~152页。
⑤ 《马克思恩格斯全集》第46卷Ⅰ，人民出版社，1979年，第464页。
⑥ 《马克思恩格斯全集》第26卷Ⅰ，人民出版社，1972年，第157页。
⑦ 《马克思恩格斯全集》第26卷Ⅰ，人民出版社，1972年，第445页。
⑧ 《马克思恩格斯全集》第26卷Ⅰ，人民出版社，1972年，第444页。
⑨ 《马克思恩格斯全集》第26卷Ⅰ，人民出版社，1972年，第445页。

马克思批评重农主义经济学把"使用价值归结为一般物质"[①]即农产品的观点。他详细指出亚当·斯密把价值创造限定于生产"固定化""可再交换"的实物形态的商品的观点的片面性与偏狭性。

马克思在1859年的《政治经济学批判》一书中指出，发达的分工"直接表现在使用价值的多种多样上，这些使用价值作为特殊商品彼此对立并包含着多种多样的劳动方式"[②]。马克思还提到唱歌的使用价值[③]。显然，马克思已经提出和使用了一个超出实物形态使用价值的广义的使用价值概念。按照这一概念，服务劳动表现为和产生非实物形态使用价值之果或服务产品，抽象人类劳动也就体现在服务产品或对象之中，因此，提供服务也就是价值形成，新形成的价值成为服务产品的交换价值的内在基础，只不过在提供纯服务劳动即有用效果的场合。例如在提供音乐演唱的场合，创造价值的过程是和消费者对价值的消耗合而为一的。这样的广义的使用价值观是十分适合社会主义社会的服务。尽管在这里服务劳动创造的价值没有被保存在一个固定的、可储存的、可再次使用和交换的实物产品或对象中，但是创造出和被消费掉的价值却是表现在服务产品发生的实实在在的效果上。从微观来看是消费者得到的身心的愉快和劳动能力的恢复，从宏观来看是社会广大居民生活水平的提高和享有的现实的福利的增进，即社会财富的增大。

可见，以服务劳动没有实物形态的成果为理由，完全否认市场经济中服务劳动及服务产品运动总过程中现实存在的价值创造和分配机制以及实际使用价值的创造、占有和享用的过程，是不正确的。

---

① 《马克思恩格斯全集》第26卷Ⅰ，人民出版社，1972年，第20、26、166页。

② 马克思：《政治经济学批判》，人民出版社，1976年，第35页。

③ 《马克思恩格斯全集》第26卷Ⅰ，人民出版社，1972年，第149、155、157、160、274、435页。

马克思劳动价值理论的科学贡献，在于它揭示了商品、价值、社会必要劳动等范畴，不是自然生产范畴，而是体现商品生产关系的经济范畴，马克思说："商品形式和它借以得到表现的劳动产品的价值关系，是同劳动产品的物理性质以及由此产生的物的关系完全无关的"[①]。按照马克思的分析方法，商品使用价值也不是一个自然、物质范畴，而是一个经济范畴。生产商品，并不等同于生产实物产品；创造使用价值，并不等同于创造具有固定性、可储存性、可再次使用和交易的实物形态的使用价值。那种把使用价值形成和价值创造的范围，完全限制于生产实物产品，生产实物形态使用价值的领域的观点，并不符合马克思经济学著作中对劳动价值理论的阐述，更不符合劳动价值理论的精神实质。

劳动价值理论应该结合当代实际，特别是社会主义市场经济的实际，进一步有所发展，有所创新。现代市场经济的实际表明：商品越来越具有多样形式——既有物质、实物生产品，又有非物质、非实物产品；既有固定化产品，又有流动形态产品；此外，还有精神产品，以及物质性、精神性相融合的产品。可见，商品使用价值越发多种多样。社会主义市场经济的实际表明：生产多样的商品和多样的使用价值的是经济发展，人民群众生活水平提高，福利增长的需要。立足于当代实际，马克思劳动价值理论中包含的有关劳动"对象化"于多种使用价值形态的论述，在今天越来越有着现实的意义。加深对马克思的商品理论和劳动价值理论的认识，肯定社会主义市场经济提供有用效果的服务劳动具有创造价值的功能，不仅是有理论依据的而且是有着重要现实意义的。

---

① 《马克思恩格斯全集》第23卷，人民出版社，1972年，第89页。

价值体现在各种类型的商品中^①

在现代市场经济条件下，商品可分为物质产品、服务产品、信息和科技产品、精神文化产品、劳动力等。而且劳动分工越发达，具体劳动越多样化，商品的类型就越多。那么，按照劳动价值论，生产多种类型的商品的劳动是不是都形成价值呢？

马克思撇开商品的多种具体形式和属性，而抽象出它们共同的社会内容，不论商品在使用价值形态上是小麦、鞋油、绸缎，或是金，但作为价值，它们都"只是无差别的人类劳动的单纯凝结"或"结晶"，他使用"抽象人类劳动体现或物化"这样的词来说明价值的形成。

对于人类劳动怎样"物化""体现"为价值，学术界存在着"宽"的和"窄"的解说，较为流行的和国内多数政治经济学教材所持的是"窄"的解说，即认为真正的商品只是物质、实物产品，商品使用价值也只是实物形态的使用价值，而价值形成和劳动的"物化"也就是劳动物质化、实体化，即"凝结"于实物形态的使用价值之

---

① 原载《人民日报》2001年11月27日。

中。按照这样的理解，生产中那些非"物质"性的活动以及非实体形态的产品，劳动就不会"物化"于其中，因而不存在价值。而且，按照上述理解，还会得出以下结论：（1）市场经济中劳动创造了一个商品大世界，但只有实物形态的商品有价值。在发达市场经济中，服务类商品的比重增大，但它们不存在价值，顶多有价格，如像土地等自然原生产物一样。（2）在发达的市场经济中，有价值的产品越来越少，没有价值的产品越来越多，从而呈现出劳动产品的非商品化、劳动的非对象化，以及价值实体的稀薄化。在商品"堆积"越来越大和商品类别日益多样的发达市场经济中，劳动创造商品价值的功能却日渐削弱，这是一种劳动价值消亡的悖谬的观点。假如人们的分析是以劳动"物化"等于"物质化"或"或实物化"为前提，就必然得出上述观点。不少劳动价值理论研究者由此遇到了理论上的困惑。

把劳动"物化"命题解释为劳动"物质形态化"和"实物形态化"是不确切的。我认为，劳动"物化"指的是抽象人类劳动这一商品关系的"对象化"，即"体现""依托"于某一"东西"或"对象"中，从而使这一看不见、摸不着的生产关系或"社会规定性""体现于"一个劳动生产"物"或"东西"之中，并表现为这一个"物"或"东西"所固有的性质。

马克思经济学的价值范畴，指的是抽象的人类劳动，即众多生产者付出的个别劳动，经过商品经济的社会平均化机制后形成的"无差别的人类劳动"，这实质上是一种看不见的商品生产关系。例如熟练裁缝用十小时劳动制作一件名牌服装，但这件服装中实际上体现的是二十小时社会平均必要劳动。不像物质生产中工人浇灌出的水泥板"体现"了看得见、摸得着、测得出的水泥分子。经济生产中工人生产出的水泥板"体现"的"价值实体"却是看不见、摸不着、测不出的，即使把它打碎了也是看不出来的。尽管人们看不见商品的价值实体，但是作为商品，上述名牌服装和水泥板，是确确实实的人类劳动的"生产物"，是在付出了实实在在的、而且是一定数量的——社会平均必要的——人的脑、肌肉、神经、感官等生理耗费结出的果实。

既然是人类抽象劳动A引起、带来"生产物"B，那么，B中就"体现"有A，或是A"对象化"于B中；在生产物是服装即实物产品的场合，A就"物化"或"对象化"于B中。可见，马克思的劳动"物化"原理，简单地说就是主体的"对象化"，就是劳动"体现""表现""延续于"一个"物"或"产品"中；说商品价值是"物化"劳动，也就是把价值归结为取得"对象化"形式的劳动。马克思就是这样用"物化""物象化"劳动的哲学命题，科学地揭示了社会生产过程中主体劳动→客体生产物的内在关系、经济生产过程中主体劳动→商品价值的内在关系，由此第一次对经济学理论中难解的商品价值做出了科学的最有说服力的理论分析。

对物质生产领域来说，劳动的对象化就是"物质化"和"实物化"；对服务产品、精神产品、科技产品和劳动力等领域来说，"劳动的物化（对象化）"，就不只是"物质化"和"实物化"，还应该包括"有用效果化"或非实物形态的使用价值化。例如在服务领域，歌唱家以其劳动创造出非实物形态的使用价值——具有审美效果的音乐演唱；在商业领域，商业从业人员既提供柜台商品的展示、性能介绍、使用方法解说等服务——非实物形态的使用价值，又提供包装、送货等服务——带有物质生产性的使用价值；在科技生产领域，科技工作者提供新技术思路、新产品设计等蓝图形式的科技知识产品。在这些场合，同样是劳动→服务产品，劳动→科技产品，非实物的产品或有用效果是劳动的生产"物"，而人的一般劳动也"对象化"和体现于"物"的有用效果中，即"体现"在非实物形态的使用价值中。

总之，只要按照马克思劳动价值理论的精髓，在分析商品世界十分丰富的形式中，始终坚持把"价值实体"作为社会生产关系来认识，特别是摆脱商品是"物质实体"的模糊概念对思维的干扰，就会顺理成章地得出以下认识：物质生产领域寓于物质、实物形态的使用价值中的"对象化"劳动以及其他经济生产领域寓于非实物形态使用价值中的"对象化"劳动都形成价值。我认为，这样的认识更符合马克思的"物化""对象化"劳动命题的含义，这样的认识也更能说明商品经济的现实。

为了进一步阐述本文提出的劳动"物化""对象化"不等于劳动"物质化""实体化"的论点，还需要对《资本论》第一卷中译本有关"物""物化"等词，对照德文版和英译本来做一些说明。

《资本论》在分析商品和使用价值概念时，许多地方提到商品是一个"物"，例如"商品首先是一个外界的对象，一个靠自己的属性来满足人的某种需要的物"，"物的有用性使物成为使用价值"。这里中译本的"物"一词，德文为"ein Ding"，英译为"thing"；"Ding"和"thing"都是指满足人的某种需要的东西和对象，中译本在另一些段落也译为"东西"。《资本论》提到"使用价值总是构成财富的物质内容"，但有时又使用"使用价值或财物"等提法，在德文版"财物"一词是"Gut"，英译为"useful article"。"article"和"thing"含义相同，均可译为"东西"。而《资本论》在论述劳动物化为价值时说，"使用价值或财物具有价值，只是因为有抽象人类劳动体现或物化在里面"。"人类劳动体现"或"物化"的德文是"menschliche Arbeit in ihm vergegenstandlicht oder materialisirt ist"，确切的译文是"人类劳动对象化或物化"。

可见《资本论》有关商品使用价值是一个"物"的词句中的"物"，也就是"对象"或"东西"，是泛指一切交易对象，而有关人类劳动"物化"的提法，不是指劳动实物化，而是指人类劳动"对象化"或"体现"，即有人类劳动寓于其中，它既可以体现于实物形态的使用价值之中，也可以体现在非实物形态的使用价值之中。

从上述译文与德文及英译文的对照中可以看出，马克思使用从一般到特殊的科学抽象法，在《资本论》第一卷第一章中，首先分析了商品一般的规定性，而不只是分析物质商品的规定性；其次分析了使用价值和创造使用价值的有用劳动一般，而不只是分析物质、实物形态的使用价值和物质生产劳动；再次论述劳动体现和对象化，即价值形成一般，而不只是物质生产劳动"物化"于实物对象。马克思阐述得十分严整的有关劳动创造商品使用价值和对象化为商品价值的原理，足以说明。在劳动创造的各种类型的商品中，都形成了商品价值，只不过一些"价值实体"是寓于非实物化的"东西"或载体之中。因而，即使是对于服务产品，知识产品越来越多，实物产品在GDP中的比重趋于下降的现代发达市场经济来说，劳动仍然起着形成"价值实体"的功能，不存在劳动创造价值功能削弱的问题。

当代科技创新劳动在创造价值中的作用[①]

社会主义市场经济中科技创新劳动在创造价值中的作用，以及科技创新劳动报酬问题，是我国实现技术跨越式进步所面临的一个现实问题。对这一理论问题的深入探讨，有利于我们在高科技时代进一步深化经济体制改革，充分调动广大科技人员的劳动积极性，促进我国新时期的科技进步和科技创新。

一、当代科技创新与当代科技创新劳动

20世纪90年代，在经济发达国家出现了一场以信息技术、生物工程、材料科学的飞速发展为标志的科技创新活动。这种科技创新迅速波及世界各个角落，并且掀起一浪高过一浪的创新高潮。我们将这一高科技领域的科技创新称为当代科技创新，它是正在走向知识经济时代的新情况、新事物。

就一般意义而言，科技创新是指人在对客观事物及其规律认识

---

① 原载《求是》2002年第5期。

深化基础上实现的生产技术革新，它发生于劳动过程中，是人类劳动的特征。尽管这种一般意义上的科技创新活动在人类社会经济发展中一直存在，但历史上曾经出现过的毕竟还只是层次相对较低的科技创新。直到20世纪末新一轮的科技创新——如信息技术、生物工程、纳米技术、航天技术等高科技进步与创新的出现，其中智力劳动因素的比值和比重大大提高，使当代科技创新劳动呈现出不同于以往的科技创新劳动的特征。

当代科技创新是高创造性的劳动。科技创新可分为一般创新、重大创新和飞跃式创新三种形式。发生于日常生产过程中的产品品质的改进、工具和生产方法的一般进步，都是一般的科技创新，它是科技进步中量的变化；而另一类技术创新则体现了科技进步中的质变，譬如蒸汽动力机、电动机、内燃机等一系列的发明，这是动力技术上的重大创新；而核动力技术使人类获得了更为强大、更为持续的能源，是动力技术中重大的质变和"革命"，这种创新可称之为飞跃式创新。当代技术创新正是这一意义上的飞跃式创新。这种科技创新劳动表现出较高的创造性：它带来高科技领域意义重大的飞跃式创新，并将带来多个科技领域的飞跃式创新；它是飞跃式创新与重大创新、一般创新的有机融合。

当代科技创新是高知识积累劳动。科技创新劳动包括经验积累和知识积累型两种。农业经济时代能工巧匠的"技术创新"，是日常生产的一般创新，它可以凭借劳动经验的不断总结而获得，即"熟能生巧"。到工业经济时代，机器体系及生产技术的进步则必须以自然科学理论和应用技术知识的进步为基础，以科技人员的科学知识的积累和创新为技术进步的主要力量，现代技术创新也因此成为真正的"科学技术创新"。而在当代科技创新中，不断推出的理论新突破和科学新原理、新学说，往往也就是创新技术的知识基础，表现出科学创新者前所未有的智慧和创造性思维能力。这些理论和技术上的创新都是立足于20世纪量子论、相对论、信息论等自然科学和工业应用知识积累的基础之上，所以当代科技创新表现出鲜明的高知识积累的特征。

当代科技创新是高度专门化的劳动。如果说普通的劳动力已经开始难以实现工业经济时代的技术创新，那么以现代科学和技术知识为基础的当代技术创新劳动，由于需要创造意义重大的高科技成果，需要解决或突破理论上和技术上的重大难关，更要求科技劳动者具有创造性思维能力、受过专门化教育和训练、拥有高知识和科学实验能力；同时还要求以那些具备了必要的创新研究实践经验的熟练的科技人才为主体，特别是由有卓越创新能力的科技经营者为主干。

当代科技创新是社会结合的劳动。在当代科学进步中，多学科的相互交叉、相互促进表现得非常突出。数学二进制与当代计算机、生物分子和人体遗传基因、纳米技术与计算机技术，充分说明了当代技术创新的社会性，即在任何个人或集体的创新成果中，都包含了其他领域研发人员的创新成果。在这个意义上，当代技术创新均是由众多领域的研究者直接或间接参与的劳动成果，而且科技总体劳动者水平越高，相互协作效果越好，科技创新劳动生产率就越高。

当代科技创新是市场性的创新劳动。历史上和当代科技创新的实践表明，科技创新依赖特定的生产关系和经济体制，一个不间断的、持续不衰的科技创新活动，离不开一个完善的、有调控的市场经济体制，离不开把完善的科技产品作为商品来生产、交换的经济体制和机制。实践业已证明，充分依靠市场经济的利益驱动机制和竞争机制，企业才有不断进行技术革新的动力和压力；同时，科技成果商品化和市场化的经济机制、科技创新劳动创造价值和获得价值报偿的分配机制，使科技创新者有了物质利益激励的动力。

二、当代科技创新劳动在创造价值中的作用

当代科技创新劳动是一种高度复杂劳动，是当前科技进步和劳动方式现代化过程中凸显出来的新特征，这种特征强化了创新劳动在创造价值中的作用。

（一）提高了劳动生产率和创造了高知识含量的使用价值

这主要表现在以下两个方面：首先，高科技生产手段提高了劳动生产率。高科技生产手段具有提高劳动生产率和降低使用成本双重作用，是当代社会新型物质财富大规模生产的技术基础。我们知道，高科技生产手段的特点在于它通过对自然物质属性和自然力的深度开发利用，创造出较之传统工业生产工具高千百倍的生产能力。例如核能发电利用了自然物质深层结构中核子撞击释放的能量，使新型核能动力高达100万马力，远远超过蒸汽机和内燃机所产生的动力。其他的信息、网络、卫星以及纳米等技术，最终带来了劳动生产率的几何级增长。高科技生产手段使用价值还表现为耗用自然资源少、对生态环境破坏小、对劳动者危害小以及使用安全等。

其次，高科技消费品的全新使用价值。高科技消费品的使用价值是对自然物质深层属性的开发利用甚至是重造，它形成一种全新的使用价值，以服务于现代人新的物质与文化生活需要。例如多媒体、电子玩具、信息居室、信息家用设备；针对儿童、老人、运动员等不同群体的特殊生理需要设计的绿色食品，针对不同人体生理病理特点采取的疗效高副作用小的生物技术新药和基因治疗技术，等等。

（二）创造高价值的作用

科技产品作为一种商品，它不仅具有使用价值，还有价值，因而当代科技创新劳动的另一重要特点就是创造高价值的商品，即由于科技创新劳动是高度复杂的劳动，高度复杂的劳动拥有高价值创造能力。而当代科技创新劳动高价值的形成，来自这种科技劳动力再生产和使用的特殊性。

第一，学习费用高。一般而言，劳动过程中提供复杂劳动的劳动力"比普通劳动力需要较高的教育费用，它的生产要花费较多的劳动时间，因此它具有较高的价值。既然这种劳动力的价值较高，它也就表现为较高级的劳动，也就在同样长的时间内物化为较多的价值"①。而当代科技创新劳动力的形成，所需学习费用更为高昂：（1）科学基础理论和专业知识的积累。（2）运用信息手段与操纵复杂技术手段的能力。（3）参与生产实践和科学实验的较丰富经验。这些能力和经验的获得都需要支付较高的学习和受教育费用。（4）卓越的科技创新能力的培育还需要有发达的教育体系和适应尖子成长的社会文化氛围，这需要各种社会支出和家庭支出的支持。（5）在创新者的劳动能力的实际形成费用中，还包括间接参与科技创新的其他社会劳动能力的再生产费用。比如，企业的科技开发，除了依靠企业科技人员进行创新外，还要利用从信息社会获得的科技成果和国家低价或免费提供的科技成果，这些科技成果中实际凝结着的劳动，成为企业科技产品的内在价值。可见，这样一种特殊的价值较高的劳动力，在同样劳动时间内自然会物化为较多的价值。

第二，劳动强度大。科技创新劳动之所以具有高强度的特征，不

---

① 《马克思恩格斯全集》第23卷，人民出版社，1972年，第223页。

仅仅是经济竞争在科技开发时间上的要求，而且高难度的科技创新本身也需要创新思维具有持续性，而创新思维的特征就是要专心致志、反复验证。在研究工作处于"创新状态"时往往是夜以继日、梦寐思之，于是突破正规劳动日的界限成为创新劳动的常规。比如微软科技骨干往往每天工作18小时，圣诞节、元旦也不休息。这意味着创新在某一阶段内需要持续地在大脑中进行高密度的思维演算，是一种高强度的劳动力耗费。所以，对这种智力和体力的强劳动必须有相应的劳动力补偿费用，如多一些医疗、保健及休闲费用，等等，这也就决定了科技创新劳动力本身拥有更高的价值。

科技创新劳动价值的形成和分配需要有与之相适应的实现机制——现代市场经济机制。在当代市场经济中，劳动力（包括科技劳动力）实现了自身的商品化及市场化，科技创新劳动的高价值形成能力在价值规律的作用下使科技创新者获得了高报酬。在20世纪末的硅谷，其灵活的劳动力流动机制、工资制度以及科技人员股票期权制等复杂的经济机制，有效地使高度复杂的科技创新劳动得以换算，从而使得科技创新既获得高报酬，又获得预期激励，进而促使创新活动持续发展。

三、科技创新者的收入构成

对科技创新劳动实行按劳分配——适应于科技创新者投入劳动形成的更高价值，而付给较高的报酬。这不仅是承认复杂劳动尤其是高度复杂劳动在创造财富和价值中的作用的具体体现，也是社会主义分配原则的应有之义。

我们知道，在社会主义市场经济中，收入分配大多是通过市场主体的企业收入和劳动报酬机制来实现的。因而现实的收入分配往往十分复杂，除了原有的工资、奖金、福利等分配方式外，往往还要给予科技人员和经营管理者一定的股权。

为便于分析，我们假定一个高度市场化的工资模式，即科技人员受聘于公有制科技企业，并为企业进行科技开发、科学试验、新产品设计、制作技术图纸、制定生产工艺流程，等等，并假定企业的产品完全由这些科技创新劳动所创造。于是，科技创新劳动创造的价值就体现在企业生产出来的高科技产品的价值当中，并且是产品价值减去不变资本转移的价值之后的余额。因此，企业将科技创新劳动创造的新价值扣除上交各类社会公积金及企业留利后的余额，以高工资、高奖金或其他福利形式分配给科技创新者是完全合理的。同时，由于市场经济条件下高科技企业因科技创新会在一定时期内从垄断价格中获得超额利润，所以科技人员也会分取一部分超额利润。总之，科技创新者的高报酬是他从事复杂劳动所创造的价值的一部分，是创新劳动能力的再生产费用，因而它与转型期制度不完善情况下的"暴富"是截然不同的，与资本主义制度下科技人员为企业主服务而获得的劳动报酬也有差别。资本主义制度下科技创新者为私人企业主所雇用，由于所创造的价值中已有一部分转化为资本收入，科技人员只能获得所创造的新价值中的一部分，而剩余价值大部分由资本家所占有，所以资本主义的分配不存在科技人员收入符合其劳动贡献的情况，不属于"按劳分配"的关系和性质。

当然，在按劳动者绩效付酬的市场机制下，企业垄断价格中获得的超额利润的一部分有可能也转化为科技创新者的附加收入。事实上，这笔附加收入来源于科技创新产品的交换价格，而产品中有创新者高度复杂的劳动结晶，也就是说，附加收入有其内在价值本源，而

不是"买空卖空"的结果。此其一。其二，科技新产品垄断价格的性
质，是创新劳动能力的稀缺，并且这种能力是长期学习和实践积累的
结果，因而附加收入也属于劳动报酬的性质。

在现实经济生活中，当代科技创新者因占有股票期权而致富的现
象非常普遍，且这种收入的性质对科技创新者而言，相对比较特殊。
因为创新者之所以占有股票，并不是由于他在企业投入了货币资本，
而是因为他所投入的创新劳动，而后者所创造的价值正是股票市价增
值的基础和源泉。所以，创新者持有的期权，是作为创新劳动的"价
格"，由企业赋予他的，是其劳动报酬的一种特殊形式。所以，由股
票期权获得的收入，既包括创新劳动创造的价值，也包括由股票在虚
拟资本运行中出现的市值增值超过实际价值而获得的额外收入——以
科技创新劳动为基础，由市场机制中价格再分配派生的收入。因此，
对科技创新者来说，股票期权是一种市场体制下具有劳动收入和资产
收入的二重性的分配方式。

劳动是创造财富的决定性力量①

　　加快发展，搞好物质生产、服务生产、精神生产，即加强物质财富和精神财富的创造，最大限度地提高创造财富的能力，是全面建设小康社会的根本途径。

　　劳动是社会财富的初始源泉和财富形成的决定性力量。人类生存、发展的生活资料，以及用来生产生活资料的生产资料，都是劳动创造的。当然，人类进行生产劳动要使用工具，还要有加工的对象，因而人类生产的任何产品都是劳动、生产工具、劳动对象这三种基本要素共同使用的产物。在现代发达的工业大生产中，科学技术（知识）、管理、信息等要素，在生产过程中也起着非常重要的作用。参与生产过程的非劳动要素，如机器、设备等，也是劳动的产物，而且机器需要活劳动操作才能运转和发挥功能。现代财富的生产过程，是人的活劳动对其他生产要素进行启动、黏合和整合，使其互相有机结合、有序运动的过程。在当代高科技生产方式中，以信息技术为基础的人工智能机器体系的正常运转，仍然需要活劳动的启动和监控，劳

---

① 原载《人民日报》2003年1月28日。

动仍然是生产的第一推动力。而且，信息技术和其他高科技本身是当代自然科学知识和技术科学知识的结晶，而科技进步的源泉在于科学创新劳动。可见，在科学技术成为第一生产力的当代，劳动仍然是财富形成的初始源泉和决定性力量。因此，以社会财富的创造为基点的社会主义建设，就应该尊重劳动，挖掘劳动潜力，激励劳动创造，最大限度地发挥劳动在财富创造中的作用。

劳动就其具体形式而言，从来都是多种多样的。在以分工、分业为特征的社会化大生产中，社会财富是由各行各业的生产者多种多样的具体劳动所创造的。在现代市场经济中，广大劳动者在市场力量和政府调控下，有机结合在包括农业、制造业、服务业等产业和多样的行业之中，从事多种多样的具体生产活动。就微观的企业层面来说，一些人从事加工生产，一些人从事管理，一些人从事科技研发。正是这些职能不同的生产者的千差万别的具体劳动的总和和有效整合，创造出多种多样的产品和服务，即社会财富。

在社会主义市场经济条件下，社会财富大多数表现为商品和货币等有价证券，从而财富的生产活动表现为商品价值的实现和资本的运行。而商品运动和资本运行，是由承担生产经营、销售和金融等职能的广大从业人员的活动实现的，因而这些多种多样的职能劳动也就成为生产劳动的不同形式。

我国实行公有制为主体、多种所有制经济共同发展的基本经济制度。社会主义初级阶段的财产占有和分配关系，决定了我国社会成员划分为多个阶层，除了工人、农民、知识分子以外，目前还出现了民营科技企业的创业人员和技术人员、受聘于外资企业的管理技术人员、个体户、私营企业主、中介组织的从业人员、自由职业人员等社会阶层。尽管这些阶层在收入和财产占有方式上存在着差别，但是他们都是财富生产的参与者和市场经济运行的各种职能活动的承担者。一些人员——包括个体户和私营企业主——成为科技创新、管理创新和创业的积极力量，为社会财富的创造做出了积极贡献。他们是中国特色社会主义事业的建设者，他们参与社会财富形成的职能活动也体现了生产劳动的性质。

总之，在社会主义市场经济中，一方面，社会化大生产中产业、行业和生产者职业的多样化性质，决定了生产劳动形式的多样化；另一方面，社会主义市场经济以其制度和运行机制以及国家的经济社会调节功能，重塑、整合和有效调节社会劳动关系，加强劳动者群体利益关系的一致性和人际关系的协调性，在不同所有制、不同阶层的人员间建立起共同劳动的关系，并把他们的劳动纳入社会整体劳动的范畴。这两方面归结到一点就是：社会主义开拓了社会劳动协作的广阔天地，通过有效地组织和发展多样性的生产劳动，将能使广大人民各尽其能、各得其所，共同致力于社会财富的创造。

以上所述可以归结如下：（1）劳动是财富的初始源泉，财富要通过勤奋的劳动来创造。社会主义现代化建设要立足于激活劳动，充分挖掘和有效组织、整合我国丰富的劳动资源，提高劳动生产率，最大限度地发挥劳动创造财富的功能。（2）在当代社会大生产和发达市场经济条件下，财富的生产是一个内涵很广的范畴，包括物质生产、服务生产和精神生产，也包括商业营销、资本运作和信贷、金融活动及其他交易中介活动，参与财富生产的不同行业、职业和不同所有制的广大从业人员的劳动，都是生产劳动。在社会主义条件下，生产活动有差别，但劳动无贵贱，一切创造财富的劳动都是光荣的。（3）贯彻落实好党的十六大提出的尊重劳动、尊重知识、尊重人才、尊重创造，必须深化对社会主义市场经济条件下劳动的认识，拓宽视野，切实承认、尊重和保护一切有益于社会财富创造的劳动，特别是要形成能有效激活劳动的社会机制和社会氛围，充分调动生产者的劳动积极性和创造性。

当代金融服务劳动创造价值的功能①

一、金融商品流通：流通的一种特殊形式

金融活动是金融机构及其从业人员为企业、机构和个人提供诸如储蓄、融资、保险、投资、外汇买卖等服务，我们在这里称之为出售金融（服务）资产或金融商品。马克思说："货币不仅是一般商品，而且也是特殊商品"②。金融商品，当然，也是一种特殊商品。人们所以要购买金融服务，在于金融商品拥有买方所需要的特殊使用价值，如，储蓄商品的使用价值是带息的还本的价值保值和增值的功能，保险商品的使用价值是超过保费的赔偿功能，股票的使用价值是收取红利和通过出售占有股票市值的功能，等等。

一般地说，金融商品具有价值保值和增值的使用价值。它的交换价值是购买者货币付出额+增值额（货币），可以写成BG+bg'。人们购买金融商品，就是用一个货币价值额购买具有价值增值功能的对象，

---

①　原载《金融理论与实践》2004年第7期。

②　《马克思恩格斯全集》第46卷上册，人民出版社，1979年，第149页。

即SG→$\boxed{PG}$。经过金融机构的业务运作——或是向企业提供信贷，或是购买国债、股票然后在股市出售，或是进行同业货币拆借，等等——这一金融商品转化为发生了增值的现实的货币价值额，SG→$\boxed{BG}$+$\boxed{bg'}$。乍一看来，上述SG→BG→BG+bg'都是发生在货币和资本流通过程中。

金融商品交易中的增值额，即bg'的来源是什么？这是政治经济学必须加以研究和回答的重要理论问题。

马克思阐述了资本主义商品生产创造价值，资本主义商品流通实现价值的命题，他把商品流通作为商品形态变化来分析，认为商品形态变化，即W-G和G-W，前者是商品原有价值的实现，后者是货币转化为购买者需要的商品，二者都不会发生价值的增值，尽管上述形态变化是借助投入流通劳动和支付流通费用的结果。

金融流通是资本流通的一个层面，它属于货币商品与资本商品的形态变化，按照马克思的流通理论，货币商品、资本商品、各种金融商品——股票、证券——在金融市场流通中，只是货币商品与资本商品形态的变化，例如由手持现金转变为银行储蓄（带息还本的储蓄凭证），或手持现金转变为有价证券（股票、债券），在这里，购买储蓄给存款者带来利息，购买股票给股票持有者带来一个价值增量——红利。但是，一切金融资产在市场流通中发生的价值增值额，即$\sum bg'$，均是来自流通过程之外，来自对生产领域创造的价值和剩余价值的再分配。

二、区分两种类型：消极的金融活动与积极的金融活动

金融流通是特殊的流通领域，是资本主义流通中矛盾最集中，盲目性、投机性最强，金融泡沫和风暴最易于发生的领域。就以信贷资

本来说，且不说前资本主义的高利贷资本的市场交易中的"驴打滚"的价格，即使是现代银行业在危机和信贷紧缺时，也存在隔日"天价式"的拆借利息，此外，现代主要金融市场——股市，不仅仅表现出高投机性，而且表现出高波动性，市值飙升与暴跌不断轮回，金融业获得的高利润和那些"弄潮儿"获得的暴利，显然与价格机制有关，带有社会已创造价值再分配的性质。

在19世纪中叶的英国，金融业还很不发达，金融活动还很不规范，银行与资本市场还未能充分从属于产业资本。如一些领域中高利贷资本猖獗，银行信用、国债发行与证券市场运作中虚拟资本繁荣，债券市场上买空卖空，金融诈骗盛行，不断发生资本价值崩盘，一些金融弄潮儿猎取滚滚暴利，侵蚀企业和群众的资产，"周期地消灭一部分产业资本家"①。在上述制度背景与历史条件下，马克思在分析商品流通时，阐述的流通领域实现价值和分配生产领域创造的价值的论点，特别地适用于当时的金融流通领域。

金融业体制的不成熟，行为的不规范，运行的无序和周期性金融市场大动荡，——我们将它称为消极的金融活动，这种消极金融活动中金融机构实现的价值增值额，不属于价值创造，而是以虚拟的价格占有其他生产领域创造的价值。

马克思在《资本论》中在一些场合称金融业获得利润是"窃夺"。称一些银行家是"骗子"的种种分析正是针对这种消极的或破坏性的金融活动的，可以说，马克思十分准确地剖析了资本主义初始阶段的尚未充分从属于产业资本的消极的金融服务活动的无偿占有业外生产成果的性质和特征。

---

① 《马克思恩格斯全集》第25卷，人民出版社，1979年，第618页。

在当代发达资本主义市场经济中，消极的金融活动仍然存在。即使是在当代管理较严格，行为较为规范的资本市场上，在财务上违反会计准则，弄虚作假，对企业进行"包装"，做大纯利，抬高股票市值；在交易中互相串通，买空卖空，操纵股市等欺诈行为仍然是屡见不鲜。特别是大国垄断金融资本，人为地和有计划地在他国制造股市和汇市的大波动，"抛了就走"，攫取暴利等金融扭曲行为在1997年东南亚金融危机中表现得十分鲜明。消极的金融活动，不仅在现代市场经济中继续存在，而且它还随着金融经济发达和虚拟资本活动更加活跃而愈演愈烈，并成为大国垄断资本侵蚀破坏小国、弱国经济的工具。

消极的金融活动只是经济生活中的一个方面。我们还需要看到积极金融活动在当代市场经济中起到的重要作用。

我们在这里提出积极的金融活动这一概念，是用来从理论上概括金融服务业及其服务活动，在形成、推动市场经济中的货币商品、资本商品的流通，实现货币、资本良性循环，促进货币资本的集聚和有效使用，推动社会再生产——实物产品和非实物产品——的扩大和资本价值的增值中起到的作用。更具体地说：

第一，吸收储蓄、发放信贷以及出卖有价证券等服务使社会闲置的货币，转化为银行信贷资本和企业创业资本，从而起着充分动员社会金融资源，积聚借贷资本和将储蓄转化为投资的功能。

第二，银行信贷、票据贴现以及再贴现，产生信贷乘数效应，这种情况意味着银行服务使借贷资本多倍地扩大，并转化为扩大的投资或增大的消费，从而扩大了有效需求。

第三，良好的金融机制和健全的金融服务，有效的金融监管，既能发挥创造信用，增大流通中的货币数量和增大信贷资本的功能，又能通过利率变动机制以及资本市场的机制，对企业投资活动进行自我调节，抑制虚拟资本的过度活跃，保持金融的稳定运行，减少金融风险。

第四，良好的、全方位的金融服务，包括银行业、保险业、证券、投资公司、交易所以及各种金融中介业的服务，形成一个货币、资本流通的良性循环，促进产业资本的顺畅流通，有效地发挥金融对经济增长的支撑作用。

可见，形成积极的金融服务，是市场经济发展的客观需要，也是市场经济中社会资本运行机制的组成要素，依靠健全的金融体制和完善的金融机制，充分发挥积极的金融服务的作用，市场经济将由此获得新的活力和加快增长。

应该说，现代市场经济，就是这样的依靠金融机制的推动力的经济，当然，市场性的金融和金融流通有其固有的矛盾，金融产业的结构和运行方式和金融监管也难以做到充分完善，消极的金融活动不可能完全消除，特别是资本主义制度的局限性决定了有活力的金融体制及其体现的积极的金融与严重的消极金融长期并存。

在市场经济体制下，对于金融活动应该是兴利除弊，有效发挥积极金融的功能，最大限度减少消极金融的负效应。我国建立社会主义市场经济体制的实践表明，依靠新的社会制度，建立健全的社会主义的金融体制，最充分发挥积极金融活动的功能，尽可能地消除消极的金融活动是有可能做到的。

三、社会主义市场经济中的积极金融活动创造价值的功能

经过20多年的市场取向的改革，特别是近10年来以社会主义市

场经济为目标的金融体制的建设和改革，我国已经初步形成了包括
银行业、证券业、保险业和各种基金、投资银行等在内的社会主义
金融体系。

经过20世纪90年代中叶以来的整顿，国有银行资产质量得到提
高，商业银行的功能正在增强，特别是资本市场近5年来在为企业融通
资金、促进增长中作用显著，我国20多年来经济持续以9%的速度高增
长中，充分体现了积极金融活动的作用。在这里，我们要研讨的是社
会主义市场经济中，体现在积极的金融活动中的劳动是否具有创造价
值的功能。

马克思的劳动价值论阐明了：形成价值的劳动，是那种生产出商
品，创造出使用价值的人类劳动，是"对象化"在商品使用价值中的
抽象人类劳动，或"物化劳动"。我在《论商业流通劳动》一文中，
提出了商业流通劳动也形成价值的论点，并对上述论点作了阐述。我
认为，为了进行严格和完整的经济学的分析，可以把金融从业人员提
供的服务，视为创造金融产品，从而投入的金融服务劳动会"体现或
对象化"在产品的使用价值中，从而形成金融商品的价值。

现代市场经济中银行储蓄是商品，是银行提供和卖给客户——储
户的金融商品。现代发达市场经济中储蓄是多种多样的包括活期、定
期、保值，以及住房、教育等不同的储蓄品类，它们有着不同的功能
和不同的价格。在经济生活中人们进行某种储蓄，也就是购买一种商
品，在这里和人们购买衣服、食品一样，不存在经济上的差别。储蓄
作为金融商品，它具有如下的使用价值：

第一，价值保值或增值的效用。储蓄首要属性，是它的保值或增
值的效用。储蓄能够给储户保持存款价值和获得利息，银行提供使储
户满意的利息，使储蓄具有有效的增值功能。也就是创造金融产品的

使用价值。

第二，信用和安全性。储户购买储蓄，向银行转让手持现金的使用权，除了考虑利息大小，更重要的是还要考虑银行的资信和存款的安全性。银行采取措施，提高资信，创造安全感也就是提高储蓄的使用价值。

第三，银行还要对储户提供其他金融服务，例如提供贷款、汇款、转账、换汇，以及个人理财等方面优质服务和优惠，这种相连带的服务，是主要服务的延伸，它体现了储蓄的使用价值的增大。

第四，现代银行还以富丽堂皇的建筑，陈设有高价值的美术作品和布置精美的营业大厅和洽谈会议室，以及营业员对客户的热情周到服务，从而把金融服务和休闲服务相结合，并由此增大储蓄的使用价值。

总之，现代银行的储蓄服务和信贷服务不同于中世纪金融经纪人在街头板凳上进行的简单的货币存放，而是一项企业化的、复杂的金融商品的生产和金融性使用价值的精心、全面打造。发达国家的那些顶尖级银行，所以得到客户欢迎和能吸纳到大量存款和拥有大批具有偿债能力的优良借款人，也正在于它生产和提供的金融商品，拥有能满足储户需要的多方面、高质量的使用价值，或使用价值束。而银行的竞争力，也是以金融商品的优质，即使用的价值作为先决条件。

我们在这里还需要指出现代市场经济中金融高度发育，形成了功能众多的现代金融产品。例如投资组合，后者是基金管理公司创造出一种最优的投资结构，以减少风险，获得较稳定、安全的收益。这种投资组合是对各类金融资产——股票、债券、期权——的精心搭配。此外，基金管理公司，还要适应市场状况，对组合内的金融资产进行营运，适时抛出前景不佳的资产，不断调整和优化资产结构，以保持和提高投资组合的价值增值性和安全性。

可见，投资组合是一种复杂的金融资产。它是依靠金融高级专业人才的设计、大量信息收集与分析和致密的研究与精确的运算而形成，是在熟练的专业营运劳动中发挥和增大其使用价值的。应该说，上述现代金融产品，是一项复杂的知识产品，是高智力的结晶，这种金融产品已经不同于一般的银行储蓄。现代金融机构以其金融创新劳动，创造了知识密集性的金融产品，也形成了金融产品的较高的价值。

既然金融从业人员的劳动，创造了金融产品，创造了金融商品的使用价值，那么，我们也有理由认为：金融从业人员的付出的社会平均的必要劳动，也"对象化""体现"和"凝结"在金融商品之中和形成了价值。对于现代发达的市场经济来说，应该说金融业服务劳动参与了商品价值形成，而对社会主义市场经济来说，更应该持如是观。

四、银行从业人员服务劳动在价值形成中的作用

这里，我们进一步就我国社会主义市场经济体制中银行的储蓄与信贷服务劳动进行剖析，来阐述金融服务劳动在价值形成中的功能。

储蓄和信贷，是商业银行的主要职能。银行提供储蓄和信贷的整个过程可以表现为：

$$SG—BG—PG\cdots P\cdots PG^{+pg}—BG^{+bg}SG^{+sg}$$

1.SG—BG

银行的储蓄和信贷服务，首先要出卖金融产品，即开展存款业务，为此，从业人员进行吸收储蓄的活动，以及进行为储户办理存款

的劳动，如，进行存款品类方法介绍、书写存单、点钞，等等。

2.BG—PG

继SG—BG之后是BG—PG，即银行对企业提供信贷服务。除了对企业发放贷款，从业人员的主要工作是进行跟踪调研，经常了解企业经营状况和财务状况，提供业务和财务监督服务，还经常提供有关该项投资信息服务以及搞好投资与经营的建议，即提供多方面咨询服务。对那些银行资本与产业资本相交织的企业，主办银行需要进一步以多种方式给企业的生产、经营提供有效服务。

3.BG+bg'SG+Sg

BG+bg'→SG+sg指银行从业人员收回贷款和对储户支付本息，完成从购买储蓄商品开始的金融循环即SG—BG…P…BG+bg'-SG+sg。银行经营储蓄和信贷业务是互为表里，储蓄是信贷的前提，信贷是储蓄的目的。通过信贷，银行获得存贷利息的差额，再扣除经营成本，实现银行利润，上述过程清楚地表明银行利润来自使用借贷资本的企业创造的剩余价值的一部分。

但是不应该把银行利润即bg'的来源，只是归结为运用信贷资金的生产企业创造的价值（与剩余价值），即只是来自…P…PG+pg'-BG+bg'。我们在上面对第二次银行服务劳动分析表明，银行从业人员不仅仅提供存、贷等实现货币、资本流通功能的服务，银行从业人员还要深入到生产、经营过程之中，为企业提供附加的经营、管理、投资以及资产重组等方面的咨询服务，这是一个金融服务束。

在信贷、投资、股票上市、证券交易、资产重组等业务大大发展的现代金融经济中，银行——特别是承担综合服务的银行——服务日益向各个产业部门渗透，金融服务、企业管理劳动与物质生产劳动更密切地相联结。

上述新的情况与条件不能不影响着生产品的价值创造，人们就可以看到使用贷款企业中的物质生产劳动、经营管理劳动和金融服务劳动共同体现和对象化在企业的产出物——物质、实物商品与非实物商品——之中的新现象。按照我们对马克思的对象化劳动创造价值的理解，第二次服务劳动创造价值，这个附加值体现在取得信贷服务的企业创造的商品价值中，即货币BG+bg中。

也就是说，那些有效地利用了金融信贷服务的企业生产产品的新增成分中，不完全是企业生产劳动的结晶，其中包含了金融服务劳动的成果。

因此，上述SG—BG…P…BG公式中，使用银行信贷BG的企业生产过程，应该写为：（1）BG…P…BG+1g，1g是由企业中活劳动耗费形成的内生的新价值，（2）BG…P…BG+2g，2g是由银行有关信贷从业人员的服务劳动形成的新价值，即外生的新价值。使用贷款的企业创造的新价值就是lg+2g。这一BG+1g+2g的公式，表明了金融服务劳动耗费会加入到企业组织的生产耗费之中，成为体现在企业产品中的新价值的构成要素。

我们还需要再考察银行储蓄活动中的第一次服务劳动，即SG—BG和第三次服务劳动，即BG+bg-SG+Ag。SG—BG是居民手持现金转化为银行储蓄存款，这一货币商品的形态变异需要有银行从业人员的劳动耗费BZ，剩余劳动为BZD，BG+bg-SG+sg是银行将企业还贷后形成的收入对储户还本付息，重新转化为居民的手持现金这一货币资本形态变化需要有银行从业人员的劳动耗费BK，剩余劳动是BKD，经过上述第一次和第三次银行服务劳动，以及第二次服务劳动，其剩余劳动是BLD，银行实现了居民手持现金→银行储蓄存款→企业资金→银行储蓄存款→居民手持现金的循环。

上述银行存款有关的流通过程可以用下列组图表来表示：

（1）$SG \rightarrow BG \quad PG \cdots P \cdots PG + pg \quad BG + bg \quad SG + sg$

（2）$\quad\quad\quad\quad BZD \quad\quad\quad BLD \quad\quad\quad\quad BKD$

（3）$bg = pg + (BZD + BLD + BKD)$

图表（2）表明，银行为实现货币商品和资本商品的流通，耗费了从业人员服务劳动BZ+BL+BK，其中包含剩余劳动BZD、BLD、BKD，上述劳动创造了以储蓄、信贷为主的金融产品的使用价值。

银行从业人员的劳动耗费，只要是在社会必要的耗费的范围内，都应该加入形成金融产品的价值，也就是说银行利润bg不仅包含用贷企业转让给银行的剩余价值pg，也包含银行从业人员自身创造的剩余价值BZD、BKD及BLD。

总之，我们认为，进一步钻研马克思阐述的劳动价值论的精神实质和使这一理论与当代市场经济的特征和社会主义市场经济的现实相结合，我们将有理由认为：社会主义社会的金融服务劳动——在它是社会必要劳动的场合——除了具有实现和占有流通领域外生产的剩余价值的功能而外，还具有创造金融产品、从而创造价值功能。

市场经济与公共产品①

一、在经济人设想和完全竞争框架中公共产品发展滞后

杰弗里·萨克斯说：在今天的增长势态中，沉溺于消费是首要问题。马丁·沃尔夫指出："当代资本主义制造了丰富的私人产品，而在生产公共产品时却效率低下，无论这种公共产品是教育、基础设施、环境，还是金融稳定"。公共产品发展滞后，首先，在公共品理论上的认识模糊。西方经济学从斯密的"看不见的手"的理论，到当代新自由主义经济理论，均是将竞争性私人产品的生产、交换与分配作为经济学的研究对象，听任市场性私人产品生产发展，会实现福利极大化的均衡，则成了第一经济原理，而在实践上则是实行自由市场化，听任私人品生产"挤占"公共品生产阵地。如在当代，发达国家教育，谋取商业利益的工具。西方经济学教科书，以"私人产品"的生产机制为对象，缺乏对公共产品中与公共需求的理论分析。西方经济学的生产理论可以归结为：国民财富最大化（或福利最大）＝ε私人

---

① 原载《经济学动态》2007年第6期。

产品生产＝ε私人需求的满足（或ε个人最大效用）。这一基本理论贯穿在从亚当·斯密到萨伊，以及马歇尔等的理论中，这是一种宣传自由市场无所不能的学说，其理论分析的出发点与支柱是经济人假说和完全竞争理论，以及效用最大化理论。

二、市场经济是市场调节起基础作用的经济

市场经济是发达的商品经济，是绝大部分产品作为商品生产和从属于市场机制的调节作用的经济。市场机制是市场经济体制结构下的交换方式和机理。市场体制基础结构，包括：（1）发达的拥有完整产权和实行自主经营、自负盈亏的市场主体结构；（2）完整的，包括商品、资本、劳动力、产权等的市场体系结构；（3）依靠（1）（2）形成了众多主体之间的充分的自由竞争，从而产生了商品交换中体现价值决定govern的市场价格形成机制。这一在充分竞争中得到实现的价值决定价格的机制和规律——也称为市场机制——起着调节功能，引导各个微观主体进行自我的生产经营——包括产品、要素投入和技术——调节，而在价格回归于价值中轴的时段则实现了：（1）产品总供给与总需求的相对应，和产品的适销对路；（2）众多主体生产技术的进步和劳动生产率的提高和价格的降低。上述情况，意味着资源的有效配置，各种产品——消费品和生产资料——的在市场"出清"和各种有购买力的需求获得满足。

市场调节的这种有效配置资源和满足有购买力的需求的机制表明：市场经济是一种组织经济生产的有效方式；较之历史上的自给自足的自然经济，以及政府统治经济——封建官家或皇室生产以及当代社会主义国家曾经采用过的计划经济——，是一个更好的经济组织形

式。而在社会主义条件下实行和发展社会主义市场经济，其重大要求就在于有效地利用市场调节的功能。

市场机制和它的有效发生调节功能，首先以市场经济的体制、结构的形成为前提。其次，它还与产品的自然属性有关。也就是说，不是任何一种产品及其生产都能具有市场调节的有效性。而是产品必须是：（1）产品使用价值的主体独享性，从而消费的相互排斥性。（2）使用价值分单元性，从而使产品能实行收费出售和归购买者排他地占有。以上两项条件可以更简单地概括为：产品的主体排他占有性。现代经济学称这种具有主体排他性的产品为私人产品。

主体的排他占有性是市场充分竞争形成的条件。超市中的生活日用品，如衣服、食品，如果为甲购得和消费，乙就不能够享有其使用价值，生产资料市场中的机器、设备，如果甲企业购得和使用，乙企业就不能够享有其使用价值，这样的具有消费中的主体排他性和占有的排他性，能有效实现收费和转让所有权的产品，在交换中就能形成如下三种竞争机制：（1）有众多购买者为占有商品而互相竞争；（2）有众多生产者为出售该商品而相互竞争；（3）众多消费者以购买者身份与众多生产者之间进行竞争。这是一种全面的和充分的竞争，它的结果和表现是：受价值支配的充分竞争价格形成和市场价格机制的发挥调节功能。在市场经济体制下，人们所需要的绝大部分的消费品和生产资料，都具有上述主体排他独占性的性质，即具有"私人产品"性，能采用商品经济形式，并且能够通过充分竞争机制，发挥市场调节资源配置和促进技术进步的功能。

三、面对私人需求的竞争性"私人产品"生产

市场经济是一种立足于微观主体独立自主的经济组织模式：（1）它在生产上实行依靠主体资源，进行投入自主经营、自负盈亏；（2）它在交换上实行自主就业、自谋收入；（3）它在消费上实行按照个人收入购买。可见市场经济，是一种依靠独立的社会成员自主投入（投资或投劳）、自谋生计、依靠个人收入，进行私人消费的经济组织形式，表示如下：

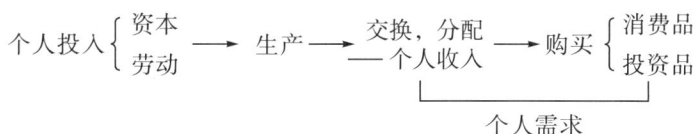

可见，市场经济中的社会成员，无数的个人或企业对商品——消费品或投资品——的购买，所体现的需求，也就是主体有购买力的需求。市场经济内生的主体有购买力的需求，是最基本的需求，它是社会生产的原动力和启动者，而一个完善的和充满活力的市场经济体，就是立足于一切有劳动力的成员的踊跃投入（资源），充分创业和就业，产品结构优化，经济效益增长，收入分配合理，从而全体个人主体有购买力的需求不断地增长的前提之上。

上述在市场经济基础中的基本需求，是通过充分竞争性的私人产品（Private Goods）生产方式，也就是从属市场调节的商品生产方式，来获得满足的。市场经济是强激励性的经济，企业只要能敏锐地发现市场，及时地、抢先地推出质优效高的产品，它就能卖出一个好价，获得额外利润。对利润的追求，迅速地促使产品种类和生产部门的不断扩大，在此基础上使人们多种多样的个人需求得到满足。18世纪末

工厂形式的竞争性的市场经济，在创造财富丰饶上表现出神奇的力量。这使得资产阶级政治经济学鼻祖亚当·斯密大加赞叹和宣扬市场这一"看不见的手"，在创造现代国民财富满足人的各种各样的消费需求中的巨大功能。斯密也注意到了市场失灵，他没有论述"福利品"的市场失灵。但他看到免费的国民教育桥梁等基础设施的提供，还是要发挥政府（国王）的职能。由"看不见的手"自发地满足人们的、社会的多种多样的需求，毕竟是斯密确立的政治经济学核心原理。

四、公共产品定义

公共产品指的是某种主体需要——个人的或社会公共的——不可能由竞争性的私人生产来加以满足，而必须要非竞争性的主体，特别是由政府或社会公共机构来加以规制、引导或直接组织生产。

（一）公共产品具有多类别性
（略）

（二）产品具有集体（共同）消费性
一些产品和服务由于其自然物质特征，使它在占有（取得）和消费使用上具有非排他性，或（集体）消费的性质，对这种产品，第一个人的对该产品的消费，也不会影响其他共同消费者的消费效果，无法对共同消费者收费，在这一情况下，乙丙丁可不付费，"搭便车"的消费。典型例证是穆勒举出的灯塔。如果灯塔的提供采取"私人产品"生产，即纯粹市场性生产和交换方式，购买者就必须是一个不付费。灯塔主就不会面对消费者的"竞买"和形成竞争价格，因为尽管有众多要求使用灯塔服务的消费者，但他们都宁愿等待"搭便车"，而不是首先购买和付费。当然灯塔主也可以采取加强消费监管排查，或使用某种现代技术手段来对付"搭便车"，但其成本会很高，甚至得不偿失。可见，从事"私人产品"生产的灯塔主，会面对着付费购买者少而搭便车消费者多的"收费困境"，在此情况下，他或许会减少灯塔光度和削减对航船的服务。

在灯塔经营者使用某种现代技术的场合，可以做到对过往船只实行收费，如电子技术可以防止搭便车，但是其成本很高。

可见，产品的集体消费性质排斥了市场性交换和竞争，供求影响价格的规律失去作用，产品卖不出好价钱，甚至还会入不敷出，这样尽管人们对航海灯塔存在现实的需要，但灯塔提供者却不会有投资和经营的积极性。上述例证表明，具有集体消费性的产品，实行市场性私人产品体制只能带来生产的供不应求，为保证众多消费者需求获得满足，就需要采取非市场决定性的"公共产品"方式。

五、生产、生活现代化与集体消费的新形式

集体性消费是一个内涵广泛的范畴，两家人共用的设施，如两家农户共用的池塘，是最简单的集体消费物品，生活社会化产生了多种集体消费方式，从而有了多样公共品。农村公用设施，如供水管道、公用水井、村道，是农村公共物品。

城市化和小城镇的发展，社区成为城乡生活的基层单元，在社区出现了多种集体消费方式，从而有了多样的社区公共产品（设施），如社区广播站、图书馆，以及社区公用设施，包括停车场、文化广场、休闲绿地及休闲设施、公厕，等等。

在现代城市公共生活新需求推动下，形成了城市公共交通体系，水、电、气、下水道、公共照明、垃圾收集及处理等公共事业体系，它们提供的是城市公共产品。

20世纪30年代以来，特别是二战以后，为满足生产、消费社会化特别是在科技化，生态化条件下的"公共需求"，西方发达国家启动了一轮公共产品生产的发展和向社会提供机制。

（一）在现代社会化生活方式下的日用消费资料除水、电、气外，广播、电视、网络等，也成为大众日常的文化消费资料

当代城市基础设施，包括航空港、地铁、公共汽车、出租车、道路与人行桥、停车场等的大交通体系，是广大居民日常生活所需，这些消费资料的生产与供应，带有自然垄断性。如初始供应厂商在供应区建设管道系统，就天然地形成垄断，它排斥事后进入和参与竞争；加之这些生产领域需要的投资大，投资周期长，风险大，为排除垄断和保证有效供给，应该实行"公共产品"生产与供应体制，由政府主办出资或津贴管制等生产供应方式。此外，进行垃圾的收集与处理，马路人行道的清扫，街道技术的种植与街心花园绿色的维护，等等，这些均是维护城市私人生活和集体与生活正常运行所必要的公用品。

可见，城市化、现代化的发展，产生了对多种多样的公用性的消费性产品（或服务）的需要，这些需要的满足，自发性市场是"失灵"的，必须依靠公共品生产机制。这与广大居民的日常的，从早到晚的生活息息相关。人们看到，地铁故障，垃圾泛滥给城市人生活带来灾难。上述公用品的充分供给与恰当分配，不仅仅给居民提供生活方便，而且从合理定价中能给公众带来切实的利益。因而它们属于政治经济学的公共需求概念。

（二）公用生产资料

在当代，公用生产资料能从多方面服务于企业的组织生产与营销。发达、便捷的交通体系，能降低企业流通费用，从而降低成本，城市基础设施，是最重要的现代公用品，规划合理，公用设施齐全的城市，会吸引劳动力及各种专业人才的流入，从而形成充足的人才资源。城市聚居的人口，是产品的大市场，特别是众多城市人口及其文化创意人才的资源首先创造出对大型文化品——音乐艺术演出、体育竞赛、狂欢歌舞等——的需求，又创造出对大型文化品的供给。

（三）环境与生态，已经是当代生产力的直接要素

依靠国家资金而形成的良好的生态和环境，是企业进行投资和长期发展的必要条件。建设和发展环保基础设施是进行经济、社会生态化的迫切需要。特别是在传统工业化和传统劫掠式或农业生产方式造成环境、生态和国土危机的大背景下，在许多国家，特别是发展中国家，充分发挥政府职能，搞好森林、海洋保护，沙漠、河流、国土治理，水力调配等宏大公共工程，不仅体现了社会公共需求的满足，而且是发展竞争性市场经济的重要前提条件。

（四）国防品：用来维护社会与国家安全的纯公共品

它是保证经济、社会生活正常运行的前提条件，但具有由社会政治结构决定的阶级属性，如资本主义国家，国防品生产从属于军事工业集团。而在20世纪30年代以来，实行军事凯因斯主义政策的西方国家，国防公共品生产成为政府刺激经济，支撑和扩大市场需求的重要手段。

（五）信息、网络技术的发展产生了许多新型的集体消费物品

当代高科技革命的发展特别是信息、网络技术的研发和使用，产生了许多新型的集体消费物品，网络信息如信息网络公共影视——我们将收费的电视和网络排除在外——提供的是一个宏大集体消费对象，在网络全覆盖条件下，地球上的每一个人都可以互不影响地使用和消费网上每一个播放节目。

我们进入知识经济时代，海量的和多样性的知识产品的生产成为时代的特征。知识的本性与外溢性的传播方式，天生地不适合"商品交换"。除了那些在"知识产权"的法制结构下进行的知识"私人产品"生产而外，我们面对着大规模的知识公共品生产和集体消费，而构筑知识公共流通的"宽"管道，促进各类知识公共品的集体消费，便成为知识经济时代满足人的需求的重要内容。

（六）作为公用品的教育

在当代，教育，这里我们指基础教育，它是福利品，也是公用品。作为福利品，在于通过普惠的基础教育供给来给公民，特别是贫穷者提供社会福利，使贫困家庭的子女，以及劳动者本身得以享有受教育的基本权利。作为公用品则是把教育作为国家的人才培育公共基础设施，用来提高劳动者的和专业人才的素质，以增强国家的"人才资本"，即高素质人才的供给。在当前科技革命和知识经济的时代，人的知识、科技素质的提高，特别是高端创新人才的供给，已经关系到国家的科技创新力和经济竞争力——国家硬实力，因而发展教育已成为一项社会公共需求。教育是一项社会品，它应从属于社会效益。把基础教育、高等专业教育、职业教育，作为一项重要公共品（设施和服务），发挥政府主导作用，将其生产和提供切实搞好，就成为当

代世界的共同趋势。

在当代，以上我们举出了现代公用品的几种重要功能及其有效的提供，已成为便利和保障民生的重要条件，成为保障私人竞争经济，吸引和促进投资的必要条件，而保证基础设施的生产和有效提供，也被纳入政府的职能之中。可见，20世纪特别是二战后社会化、科技化、生态化的发展公用品的概念内涵由此扩大，政府的"公共"职能由此获得发展和增强。

现代化和高技术化，开拓出越来越多的非排他性的、消费的产品。对于那些占有与消费具有排他性的私人产品领域，使用竞争性生产方式，依靠市场机制，可以实现有效供给。但对上述非排他占有和消费的物品，则应采取公共产品形式（包括不纯的公共品），需要发挥政府的职能。（1）政府参与组织或直接生产；（2）干预生产与交换，如实行免费或收费，才能保证充分供给①。

在自由竞争的资本主义，充分竞争性的私人产品即商品的生产是最主要的生产形式。在亚当·斯密创作《国富论》中阐述了一个由"看不见的手"调节的私人产品生产与分配理论，《国民财富的性质和原因的研究》一书中没有"公共产品"一词，它提到的属于政府职能的公共服务，只是教育和安全②。20世纪30年代以来的现代资本主义经济，则引进和逐步形成了一个公共品生产体系：包括福利品生产和公用品生产，现代资本主义市场经济则表现为以私人产品生产为基础，以福利品生产与其他公共产品生产为补充的复合经济体系。

综上所述，20世纪30年代以来，在发达国家实施福利政策和由政

---

① 对一些非纯公共品为了控制拥挤采用有限的市场营销，如俱乐部产品形式，采取控制会员人数的消费形式。

② 见亚当·斯密《国民财富的性质和原因的研究》一书。

府提供福利品的大背景下，在社会化、科技化、生态化发展及其催生的公共需求下，资本主义国家启动了政府主导的公共品生产和分配的体制变革，而且，伴随着公共需求的发展，公共品范畴内涵也不断扩大——由经济领域，延伸到社会政治领域，以至文化科技、环境领域，——在市场经济基本体制框架下，寻找以政府为主体的恰当的公共品生产与分配方式，来满足"私人的"与"公共的"需求，已成为当今世界各国的共同趋势。

（七）既要关注私人需求，又要关注公共需求

1.需要，需求，有效需求

一般地说，人类要生存，就要有用于满足人的需要的生活资料和生产资料，为此，人就要从事生产，创造出产品和将产品在社会成员间进行分配。可见，人的需要→生产→分配→消费便是人类经济生活的基本内容。

在存在商品经济的社会，生产物表现为商品，并在市场进行交换，因而，经济生活就表现为需要→生产→交换、分配→消费。

上述对经济生活内在逻辑的分析表明：经济生活的任何一种历史组织方式，都是一种满足人的需要的历史形式，是用来满足特定主体需要的财富生产与分配方式。

我们这里讨论的是市场经济中作为经济学范畴的需要desire与需求demand。需要或称为欲望，是指作为经济主体的人，为进行生产，维持生活和发展，占有、使用、消费经济物品goods（财货）——包括生产资料与消费资料——的要求。

作为经济学范畴，需要是与生产相对应的。一般地说，首先是需要引起生产，或需要是生产的目的。其次，生产产生需要，应该说，

生产是需要的决定力量，即生产品刺激和扩大了需要的范围和内容。而扩大了的主体需求，又成为推动生产发展的动因。而在生产→需要→生产相互促进的长过程，既体现了社会生产的进步，又体现了人的不断增长需要的得到满足和人的生活、福利水平的提升。

在市场经济条件下，直接启动生产的不是人的自然需要，而是人的社会规定的有购买力的需求。人作为自然人，有着维持人的自然生理条件决定的对消费品的最低需要，但是它能否实现这一消费需求，决定于：（1）社会是否生产出有这一特定消费品；（2）它是否拥有足够的购买能力和经济手段。当然，社会的人——消费者——都会有占有、享用更好的、日新月异的消费品和实现更舒心的休闲方式的需要，但在缺乏购买力的条件下，这些人的需要只是主观的。只是在他们拥有足够的货币和充分的购买力的前提下——不论是自己的或借来的——和将其用于购买他想要占有、使用的物品的场合，上述主体的经济需要才成为有购买力的需求，或现实的经济需求，这种有效需求才成为市场经济体系内生要素和成为引导和推动生产的直接力量。

在资本主义经济体制下，经济运行中会出现的产品过剩与企业的销售困难，甚至，企业将"过剩产品"如牛奶倒掉等现象，这种情况并不是由于人们缺乏消费需要，而是由于资本主义制度固有的有购买力需求的不足。

2. 经济需要与其他社会需求

经济学通常将需求限定于经济生活的需求，而对非经济的需求未加以讨论，这是一种狭义的经济需求论。

人是社会的动物，社会使人的前身——古代高级的动物——成为真正的"人"。人的社会生活包括经济、社会、政治、文化等层面，这些多层面的需求也成为人的需求的内容。在当代社会，经济、社会、政治、文化精神等生活是高度密切联结和互相依存，因而，人的需求包括经济、社会（家庭及政治）、文化、精神等多样层面。现代文明社会的正常运行和健康发展，不仅仅要谋求满足人的经济生活的需求，而且要谋求满足人的社会、政治生活与文化精神生活的需求。现代人不是唯一追求物质富裕，而是要谋求公正、科学的社会发展。社会需要如社会安定、公正，家庭需要如友邻爱物、家庭和睦，政治需求如像公平、民主、廉洁，文化需求如像文化先进、科学昌明、道德高尚；上述非经济层面的需求，越来越成为现代市场经济条件下人的需求的重要组成部分。

3. 社会主义条件下人的需求的满足

人类从来怀有争取更有效的财富生产、更公正的财富分配和人民群众需求更好的满足方式的美好理想，社会主义使这一理想成为实践。社会主义的本质是解放和发展生产力，促使财富最大增长，保证全体社会成员不断增长的物质与文化需求获得满足，实现人的全面发展。经过了30年的改革和发展，我国已实现了温饱，正处在建设全面小康，发展中国特色社会主义的新时期，我国面对的重大任务就是要坚持经济建设为中心和推进经济、社会、政治、文化建设齐头并进，在人民财富进一步丰裕的基础上使全体社会成员的多种多样需求获得满足。

社会主义市场经济中，在"私人产品"领域，实行竞争性的商品生产，竞争性经济，主要受有购买力的需求调节。而使人民能够在收入和购买力不断增长基础上，拥有和实现不断增大的私人需求，也就成为完善市场经济体制，促使经济顺利运行的基石。与此同时，还要大力构建完善的公共品（及服务）的体系，有效保障公共需求，切实实现社会主义条件下人的多样需要有效满足的目标。

公共产品范畴及其含义[①]

一、公共产品是一个内涵广泛的现代经济学范畴

资本主义经济是由有购买力的需求启动的，从属于私人目的和私人的利益。这是一个建立在私人利益追求之上的经济体系，经济学称之为竞争性的私人产品生产。资产阶级古典经济学设想出一个依靠个人的自发性私人的需求推动的至善至美的商品生产体系和高效率的国民财富生产模式。

如果说，早期资本主义实行的是单一的竞争性私人产品生产，唯一着眼于满足"有钱人"，即有购买力的私人的需求，无视市场经济固有的"穷人"的和其他社会公共需求，那么，现代资本主义的经济矛盾与政治形势，已经强使当政者承认社会公共需求的客观存在，并且着手进行社会福利体系的构建，由此把为满足社会公共需求的公共产品生产，引入现行的私人产品生产体系之中。而实践中的现代资本主义市场经济也由此表现为一个二元结构：竞争性的私人产品生产体系，附

---

① 此系作者未发表文章节选，写于2008年。

加以社会公共需求拉动的公共品生产体系。当然，在不同的国家，上述市场体制的二元结构具体状况及其相互作用机制存在着差别。

萨缪尔森在《经济学》中对有关什么是私人物品与公共物品加以定义，他指出"来自公共物品的效益率牵涉到对一个人以上的不可分割的外部消费效果，而相比之下。如果一种物品能够加以分割，每一部分按竞争价格卖给不同个人，而且，对其他人没有产生外部效果的话，那么这种物品就是私有物品"[①]。他说"公共物品常常需要集体行动，而私有物品则可以通过市场被有效率地提供出来"（同上书，同上页）。

按照萨缪尔森定义，公共产品就是那种在物质上具有"效益外溢性"，从而是"由集体消费——即非排他性——的产品"。这种产品的物质性质，使人们难以对每一个消费者进行收费，从而会有"搭便车"消费，这一产品就难以形成充分竞争经济，生产者因盈利受损而不愿意投资，市场失灵。

把产品的物质性质——非排他占有和消费——作为划分私人产品生产和公共产品生产的依据，是一种有用的分析方法。但是这种方法，把产品的社会规定性和社会排斥在外，不可能揭示"公共产品"的宽广内涵，也不能反映市场经济的实践。例如，众多国家实践表明基本医疗产品如诊病、治病，就其物质形态，仍然具有消费的排他性，但它却是一种现代公共产品。针对富人的奢侈性医疗保健品，却仍然通行竞争性私人产品方式。

事实上现代市场经济中的公共品供给不足问题，最主要是关乎大众生活的公共医疗、公共教育、公租房，等等。上述"公共产品"之

---

① 萨缪尔森：《经济学》，中国发展出版社，1992年，第1194页。

所以是"公共"的，在于产品的社会福利性，即产品的社会规定性，与后者产品的物质性是不相干的。

二、公共产品应该定义为为满足公共需求，由非市场决定性方式提供的产品

这一定义把满足公共需求，公益性，非市场决定性等社会性质，作为公共产品的主要特征。

（一）满足公共需求的性质

公共需求指："集体消费"形式所体现的需求，有"小集体"消费，也有"大集体"消费；更具体地说，有俱乐部集体，社区集体，城市集体等。上述多样性的集体消费，体现出多样性"公共需求"。现代集体消费，如城市居民的水、电、气的需求，它满足的是城市"居民"集体的需求，或"城市公共需求"。

现代化、城市化、科技化、生态化的发展，不断开拓出多种多样的"现代集体"消费形式，特别是信息网络革命创造出许多对公众富有吸引力的"新型集体消费产品"。如网络媒体把新闻私人产品转变成免费提供的公共产品，而宽带和卫星传输技术更扩大了消费集体范围，使网络信息传播打破了距离和地域界线，成为"全球性大集体同时消费"的对象。网络化的发展，带来了网络游戏、网络音乐、网络动漫、网络文学等网络新产品；此外，还有网络教育、网络医疗等新型服务。对信息网络产品的使用和消费已成为人们不可缺少的生活消费方式，也是现代信息社会的一项公共需求。

第一，社会保障品的需求。如：对作为调节经济利益器的福利

品，对自然社会生活灾害的救助品（服务）的需求，它们是用来维持社会经济共同体聚合力和稳定性的公共需求。

第二，促进经济社会发展的需求。如对保障居民身心健康和素质提高的教育、医疗等公共产品及促进文化、科学、发展的公共设施和服务的需求。

可见，立足于宏观或整体分析方法，人们会发现现代社会客观存在的多种集体、公共需求，它们催生了多样公共产品的生产。公共需求的满足，已成为满足现代人需求中不可缺少的另一层面。

（二）公益性

公益性是现代公共产品的基本性质，资本主义经济是逐利性的私人经济，追逐私人利益带来社会最大利益，是西方经济学基础原理。公共利益、公益等范畴在西方经济学中是罕有论述的。

公益性是相对于营利性的范畴。公益性产品指的是低价提供或免费提供产品，使人们无须付出，或等价付出而获得产品使用价值（或交换价值），用来增加个人生活便利和享受（或者是用来作为生产手段，提升生产竞争力）。

就公用品来说，如城市绿地、公厕、公共照明、公园以及街道清扫，公共垃圾收集与处理，等等，是对居民免费提供的，是纯公益产品。

一些公共品生产实行企业化经营方式，但对特殊群体无偿提供。如现代公共交通对"老年免票""儿童半票"，以及在某些场合，为了减轻低收入群体的负担实行政府补贴，公共品低价亏损经营等。这里的公共产品生产，体现了部分公益性。

公共产品不是都属于公益品。许多宏大产品，如城市水、电、气、网的供应和经营，通行做法是政府管制，私人经营，企业仍然是

"营利性"，单位产品仍然是包含有营利的"商品"，但企业的市场行为有了政府深加的"公益底线"。这种方式可以发挥公共品领域竞争性经营的积极性和效率，也减少了财政负担，实践证明这是一种保证价格合理，服务优质的持续的公共产品生产体制。一些城市"公用事业"采取政府公有公营，它意味着公益性体制的确立，这种经营方式，可以进一步降低价格，但会增大财政负担，并使生产不可持续。

福利品是典型的现代公共产品，其本质是满足社会公共需求，并且是以无偿或低价提供为特征，现代福利品如社会保障、公共医疗、公共教育、公租房、公共文化、公共科技、公共生态环境等产品，均是立足于"成本社会承担，成果居民共享"之上，公益性有着更鲜明的体现。

（三）非市场决定性

私人产品生产，是从属于主体对经济效益的追求，是由市场价格机制调节的生产，简称为市场决定性的生产。对于那些投资大，周期长，效益不确定或经济效益低的产品，为谋利的生产者是缺乏积极性的。许多公益性产品缺乏，甚至不具有现实的经济效益，是纯福利品的生产（服务）和分配，更是直接受社会需求调节，属于"非市场决定性生产"。资本主义经济发展初始时期，在单纯依靠"看不见"的手的自由市场经济体制中，存在"公共产品供给匮乏"，由此带来社会消费、生活及其他公共生活中的障碍困难，特别是"福利品"的匮乏，加剧了劳动者的贫困，激化了市场社会的矛盾，造成各种各样的"公共危机"频繁出现。政府主导的公共产品生产的匮乏成为资本主义初始期的特征。

三、"二战"后西方经济学开始了对公共产品生产、交换配给方式的研究

迄至20世纪30年代的西方主流经济学立足于追求私利最大化的经济人原理和完全自由竞争原理,宣扬实行自由竞争,无须政府干预,依靠市场机制的自发作用——也就是在私人产品生产模式下——就能使国民经济体达到"巴列托均衡",从而实现经济的最大效率(efficiency)和国民的最大福利。

但是实践中的自由放任市场经济,并不是如主流经济学家论述的那样,带来微观经济的效率性和宏观经济的均衡性。恰恰相反,自由放任政策助长了大公司对国民经济的垄断,对小企业和广大消费者的掠夺,促进了财富向少数人集中和贫富差别的扩大,从而加剧了资本主义固有的大众购买力的增长落后于生产能力扩张的矛盾。物质丰裕,贫富对立,生态恶化,精神滑坡的社会发展失衡。

1929~1933年的经济大萧条和社会大动荡悲惨局面的出现,宣告了纯粹诉诸市场的私人经济模式的破产,实践证明了立足私人产品生产的经济体中有效引进公共品生产与分配的必要性。

30年代以来,特别是二战以来,在美英等发达国家发展社会福利事业的背景下,西方经济学开始了对公共产品生产、交换分配方式的研究,产生了"公共经济学",西方经济学建立了一套公共经济理论,包括私人产品与公共产品的划分,两种产品的经济运行方式,社会总产品结构优化,增大经济体福利性,完善公共财政等论述,对其中的积极要素,我们应加以汲取,而对于其理论基础,如经济人原理,私利最大化的公职人员行为原理等,则应加以摒弃。

四、现代市场经济与"满足公共需求的——公共产品机制的引进"

市场化、现代化和高科技化的时代，一方面极大地扩展了私人需求，从而推动了充分竞争性私人生产的发展[①]，另一方面，更多的生产和服务领域采取公共需求→公共产品生产的机制。

（一）对社会保障产品的需求

公共对社会保障产品的需求，如对老年退休金，公共医疗，公共教育，公租房，社会救助，救灾，以及公共卫生等。如防治疾病，特别是防治传染病，不只是个人的需要，而且关系着公众健康，是一项用来保障生产持续和维护社会生活秩序的公共需要和"公共事务"。特别是在当代，癌症、艾滋病、新型流感、小儿麻痹症以及其他传染病，不断给人类生命带来严重威胁。由于众多贫困群众无力治病，不仅他本人陷于病痛，而且还造成疾病传染，给群众的生活带来威胁。重大传染病的流行已成为当代世界突出的公共问题。提供公益性的公共卫生产品与服务，就成为一项当代政府的重要公共职能。

这些需求，既是个人的需要，又是群体社会共同的需要，并且体现了公共利益。自发性的市场机制对这种产品的生产和公益需求的满足方式是失效的，需要政府介入，采取福利产品生产和分配。

---

① 高科技的创新和生产的大范围的推进，是立足于和依靠"私人需求→私人产品生产机制"。2012年6月美国私人商业卫星发射成功，预示私人航天产品生产时代的开启。

（二）对公共用品的需求

公共用品，也就是指由于产品不具有消费排他性，也就是具有效益外溢和"集体消费"的产品。集体即多数人，多个经济主体，它包括：从地域看小至一个社区、村、乡、县、市，大至一个国家；从人来看，包含职业、性别、群体、阶层，以至全社会。为简化分析，可以将公用品具体化为"小型公用品"与"宏大公用品"。全国性基础交通、电讯、信息、骨干网络等，属于宏大公用品。一个地区、乡、村，甚至村内"家家通"的基础设施分支网络则是小型公用品。

（三）对基础环保产品的需求

（略）

（四）用来推动科技进步的需求

（略）

（五）用来协调人际关系，增进共同体内聚力的需求

（略）

（六）用来促进精神文明，保障人全面发展的需求

可见，现代市场经济的体制结构和运行机制，已经不是单一的市场决定性的私人产品生产和作为"个体人"有购买力的需求的满足，而且是非市场决定性的公共产品生产大量介入，用来满足"整体人"的需求，即公共需求。特别是社会主义市场经济，它的"以人为本"的性质，要求我们将社会需求作为"个体人"经济需求的满足与"整体人"社会需求满足的最佳结合——要求我们在体制构建中，以竞争性私人产品生产为基础，同时有效地发挥公共产品生产的功能。

斯密在《国富论》中，论述了下述经济模式：用市场方式提供私人产品，满足私人需要——所有社会成员需要的最佳满足。他认为对个人私利的追逐和私人需求，自发调节的商品经济，会带来职业不同的社会成员的需求的满足和社会的福祉。此后西方经济学在效用价值理论基础上提出和逐步制定了追求个人效用极大化的"经济人"理论，这一理论将需求范畴归结为一个个市场主体即"经济人"对效用最大化的追求，并认定市场竞争经济就能促使充分的和与需求对口的供给，导致投入最小，个人效用和社会效用最大的"巴列托均衡"的形成。皮古以来的福利经济学，论述了私人产品生产的"外部性"，和提出了在自由市场经济基础上，适当引进政府干预，来实现效用最大化。而二战后的现代经济学，基于1919~1933年经济大萧条后，西方国家普遍实行的政府干预经济的现实，提出了公共品的范畴，逐步形成了当代西方公共经济理论。这一理论在实践上是为了论证资本主义国家的"福利国家政策"的合理性，在理论上仍然是立足于"经济人"原理、"私人需求"原理，私人效用最大化原理。可见，缺乏经济社会整体观念，没有社会需要范畴，单一"私人"论、"私需"论、"私益"论，成为西方经济理论的基本特色，也是西方市场经济原理局限性之所在。

综上所述，基于当代市场经济中公共需求满足的现实重要性，要求经济理论中，在"经济人"范畴中充实"整体人"的内容，和在"需求"范畴中充实公共需求的内容，而克服和抛弃西方经济学中在"需求"理论中狭隘的"私人"眼界，阐明全面的"需求观""公共产品"观，以及市场调节与政府相结合的经济运行观念，使社会主义市场经济获得更为清晰的理论阐明。

公共产品匮乏的早期资本主义市场经济①

资本主义现代市场经济中的公共品的匮乏，不是如一些人所说，是由于生产者的利己心或人类性所导致，不是由于社会上缺乏热心公益人士，而是一个生产唯一从属于有购买力的私人需求的体制性的疾患与根本矛盾。

资本主义市场经济微观生产主体是一个个独立的私人商品生产者，而从事以利润最大化为目的的竞争性的私人产品（private goods）生产，古典的资本主义——它在18世纪的英国取得典型形式——几乎是以单一私人产品生产结构为特征，在那里，从属于市场调节，即用来满足有购买力的需求的私人生产，成为生产的基本形式。马克思在论述资本主义经济时把商品作为资本主义财富的"细胞形式"，又说：商品生产是资本主义的"绝对形式"②。

上述有购买力的需求，也就是个人需要的市场表现形式，而商品是为了交换和在市场出售的产品，通过商品生产和市场交换而获取

---

① 此系作者未发表文章节选，写于2008年。
② 《资本论》第1卷，人民出版社，1972年，第1页。

最大利润就是一切商品生产者的目的。而面向消费者的有购买力的需求——它是个人需要的市场形式，而生产，即使私人产品的生产从属于消费者私人需要就成为资本主义生产方式的一般机制。换一种说法，在市场经济中，一个个的消费者的需要——表现为消费需求——成为社会生产的唯一动因和调节者，它启动着众多厂商和不同产业部门的生产活动，生产出各种各样适应购买者需要的和有能力购买的商品。

资本主义早期——自由放任时期——的单一的为有购买力的私人需要而生产的模式和机制，决定了资产阶级经济学把私人需要作为经济学的基本范畴，并由此构建了一个由有购买力的私人需求驱动和调节的以追求"最大效率"为目标的自由市场经济模式。

一、政府的经济、社会职能的加强——时代的"风向"

崇尚自由市场的西方主流经济学，将社会生产的目的唯一地归结为私人的需求，并且将有购买力的私人需求（private demand）驱动的市场经济模式，视为是最有效率和带来最大福利的经济模式。在这种经济自由主义理论支配下——它体现在撒切尔（1979）、里根（1980）迄至2008年的英美政府——，政府削弱经济职能，特别是社会职能，听任自发性市场机制去调节生产、消费和其他社会活动。2008年美国及世界金融经济危机发生以来，人们又看到时钟的向左转，布朗在英国首先倡导，而美国也接着步其后尘，实行了银行、企业国有化，政府大规模救市，"发债""补贴私人企业"、支撑就业、加大社保等公共投入。奥巴马提出了进一步普及化的医卫福利改革方案以及激励节能减排和发展绿色技术的财政措施……发达国家实施的上述新政，体现了政府对经济的更多干预和更多承担社会公共职能，它意味着：竞争性私人产品生产统治的市场经济体系中，更大范围的公共产品生产与服务的引入。

2008年发生的这一场资本主义金融经济危机带来的新变化，可以视为：自由资本主义向加强政府经济治理职能，特别是加强公共品生产的资本主义的转变。

二、公共产品范畴的内涵与生产、提供公共产品实践的由来

公共产品的简单规定是：满足社会公共需要的产品；进一步具体的规定是：以满足社会公共需要为目的，以政府为主体，利用政府财政资源及社会资源，依靠政府及公众的公共行为，来生产与提供（分配）的产品与服务。

人类社会是实行结合劳动和共同生活的组织。自人类历史告别家长制大家庭以来，一个个家庭成为社会的基本单位。现代市场型社会更是以一个个原子式小家庭为其细胞。市场经济体制下，通过自主劳动，获取个人收入，来满足个人及家庭的生活消费需要，成为社会人的生存方式。使用经济学的表述是：人们采用以满足市场需求为目的的私人产品生产方式，是一种由市场调节的经济，在存在市场主体各类生产要素——资金、物质生产手段、技术、知识、信息（包括管理）、劳动力、自然生产要素等——的平等占有，以及在充分竞争机制的场合，这种私人物品生产方式和机制，表现为价值的支配（govern）市场均衡价格，由此起着促进产品适销对路、技术进步、劳动生产率的提高和市场主体自我积累、自行发展等功能，成为一种拥有充沛活力的财富生产的组织形式。

但是由市场调节的私人产品生产方式，也有其缺陷。

第一，公用品市场失灵。作为充分竞争性的经济，它是以产品在物质、技术上具有消费的排他占有性和占有排他性为前提。消费的排他性在于：产品如归A消费则B、C、D等不能对其消费，即不能"效果外溢、集体消费或公用"；占有的排他是能做到向每一个产品消费者收费，而不存在"搭便车"的消费者①。但市场经济中不少产品在物质、技术体上缺乏消费的排他性与占有的非排他性质，从而，不具有充分竞争经济的条件，这些产品的生产和有效供给是市场失灵的，如灯塔、城市绿地、街边座椅等。

第二，福利品的生产失灵。立足于对生产资料占有均等市场经济是竞争经济，市场主体对要素占有不可能是绝对的机会均等，因而立足于要素占有不均或"不对称"的主体收入分配差别，在市场经济始终是客观的存在。特别是生产要素中普通劳动力属于要素，这就决定"劳动收入"较之"资本收入"，是一种"低值收入"。特别是在当代科技与知识成为关键生产要素的时代，科技、知识的市场化、资本化体制和机制大大提高了高知识收入。可见，市场机制本身存在放大收入分配差别的效应。而在资本主义市场经济体制下，财产占有性收入分配和市场性收入分配相交织中，就决定了制度性的分配不公和贫困。为了维持现有体制下的经济运行，生产与提供福利品，像养老、失业、保险以及廉租房、社会救济等社会保障品就成为一项重要的社会需要。纯福利品是免费提供的，这种产品属于社会产品，显然地，它们是非市场性的生产，而只能采用公共产品生产方式来加以提供。

早期资本主义政府不承担救助贫困的"公共职能"。只是在20世

---

① 许多产品的收费困难，可以借科技手段来解决，但是却会因此发生收费昂贵。

纪30年代资本主义基本矛盾深化，社会政治动荡加剧的形势下，罗斯福推行新政，多样的社会产品的生产被纳入现代市场经济体系之中，这是二战后发达国家进一步实施的社会福利政策。

三、社会公共问题增多与政府公共职能的增强

20世纪的世界在现代化、市场化、国际化以及科技创新的大趋势下，经济取得巨大发展，生产力有很大提高。发达国家人均GDP翻了番，日益富裕。但现代化、信息化、知识化的经济，并未能使社会朝着经济、社会矛盾缓解，生活安定，社会团结，精神文明提升的方向发展，恰恰相反，在当代，人们面对着一个经济、社会矛盾更加多样而深刻，重大公共问题和危机频频发生的社会。

资本主义国家物质财富不断增长，但财富分配不公和贫困成为长期存在的痼疾。环境、生态、资源、人口问题十分尖锐，人类生存的自然物质基础不断恶化，其表现是：全球性气候恶变、气温上升，干旱、洪水、海啸、地震等严重自然灾害频频发生。以极端个人主义为核心的意识形态的自由泛滥，不仅抑阻着精神文明的提升，而且导致人的思想意识歧化，带来人的行为的异化，引发多种多样社会冲突和社会问题。在上述三大矛盾日益加剧和成为重大社会政治问题的当代，资本主义国家开始重视和加强了政府对各种公共问题的治理。20世纪30年代以来西方发达国家已经实行对宏观经济运行的调控，70年代以来加强了对失业、贫困的治理和社会福利事业的发展，加强环境保护，加大对科学、教育的投入，提高"社会福利"和增进社会团结等社会公共事业的加大发展，是欧洲各国的共同特征，而北欧国家更以发展从"摇篮"到"坟墓"的发达公共事业的市场经济而令人瞩目。

公共产品与社会主义市场经济①

一、公共产品及其特征

如果以产品性质与生产机制作为划分标尺，现代市场经济——无论是资本主义市场经济或是社会主义市场经济——体制可以区分为两个部分：首先，是由有购买力的需求拉动的竞争性的私人产品生产与分配体系；其次，是社会需求启动的公共产品，或公共产品生产与分配体系。前者是充分竞争性的经济，它起着基础作用，后者是立足于和充分运用市场机制的公共经济，它起着弥补竞争经济不足的功能。而赖有以上两个生产方面的互相依存、互相交错和互相促进，形成了有公共产品生产的现代市场经济的发展。

本文分析的是公共产品的生产与分配机制。我们把公共产品规定为：以实现某种社会目标即以满足社会公共需要为目的；以政府为主要提供主体；依靠政府财政力量和社会资源；采取充分利用市场力量但却是非市场决定方式来组织生产和分配。

---

① 此文系作者未发表文章节选，写于2007年。

（1）满足社会公共需要是公共产品生产的出发点。私人产品，其生产的动因是为了满足消费者——生产消费者和生活消费者——私人的需求，是由"私的有购买力的需求"所启动的生产部门和生产活动；公共产品生产的目的则是满足一切社会成员的需求和社会共同体的其他公共需求。（2）公共产品生产要满足社会公共需要，就必须由社会主体——政府依靠财政力量和动员其他公共资源（人财物）——来有规划地组织生产——包括有效地利用市场力量——和实行有目的的包括一定程度的按对象需要的分配，即使是它在生产中要利用市场力量，但这只是作为实现某种社会目标的手段。因而这是一种非市场决定的产品生产与分配方式。私人产品生产、竞争性商品生产，其产品是有交换价值的商品，其生产主体是一个个独立生产者；其生产方式是，由市场价格信号，启动市场主体自行决策，自主生产，自由竞争，优胜劣汰，总的来说，其生产活动由市场机制调节，是一种"市场决定性的生产和市场性分配方式"。（3）公共产品生产，通过满足社会公共需要这一最终目的，体现了公共利益。私人产品生产，通过市场交换和价格机制带来经济收益，是谋取盈利的生产活动。

可见，满足公共需求，实现公共利益，是公共产品的本质特征，是公共产品生产与私人产品生产的根本区别，简单地说，公益性之所在。

二、公共产品生产的由来

人是社会的人，它生活与生存于社会共体之中，人的社会生活包括经济生活，首先要谋取个人及其家庭的包括衣食住行等个人的生活需要满足。作为社会的人，它还有受教育的需要；其次，人还有其社会的生活，包括邻居间的互相关怀，守望相助，参与包括社会、文化、政治性的公共活动，以及维护社会安全的责任。上述产生于人的公共活动中的各种现实的需要，才构成社会需要。

可见，社会人的生活和生存方式除了有个人生产生活活动和私的需要满足这一层面，还有从事社会、政治、文化等公共活动的社会公共需要的满足的层面，马克思说："在任何社会生产……中，总是能区分出劳动的两个部分，一个部分的产品直接由生产者及其家庭用于个人的消费，另一个部分即始终是剩余劳动的那个部分的产品，总是用来满足一般的社会需要。"[①]

马克思在这里是根据唯物辩证法的个别与整体相联系的方法论来剖析人类社会，将社会的需要，区分为两个层面：（1）生产者自身及其家庭的需要，这种需要可以称之为个人或"私人的需要"。（2）"社会需要"，如保障社会安全，维护自然生存条件，教育、医卫等"公共事务"，群众性集会，欢度游乐，等等，这种需要属于社会"公共需要"，即公共需要，它是用来保证社会共同体生活正常运行所必要的。

在不同的社会形态和社会经济组织方式下，"私人需要"与"公共需要"不仅在内涵上是不同的，而且在其社会规定性上是不相同的。而在阶级社会中的公共需要总是体现出特定的社会、阶级性[②]。马

---

① 《马克思恩格斯全集》第25卷，人民出版社，1974年，第992页。马克思指出：古代印度公社中除了共同的农业和一个个家庭从事的副业生产而外，还存在进行政法、宗教事务的人员，包括管水员、教员、管理历法与农时的占星家、诗人，等等，政法、宗教事务人员可以称为用于社会需要满足的公共产品的生产者。见《马克思恩格斯全集》第23卷，人民出版社，1972年，第396页。

② 马克思说："在专制国家中，政府的监督劳动和全面干涉包括两个方面：既包括执行由一切社会的性质产生的各种公共事务，又包括由政府同人民大众相对立而产生的各种特殊职能"。见《马克思恩格斯全集》第25卷，人民出版社，1974年，第432页。

克思对东方古代和中世纪社会中，国家在水利设施以及农业上的公共职能进行了精深的分析，他指出亚细亚古代东方社会有三大部门：用于战争和保障安全的军事部门，用于征取税收（地租）的税务部门，以及用于支撑农业发展的水利灌溉部门。前二者属于执行专政和剥削的机构，第三个部门水利灌溉、设施建设，由于它涉及广大小农户的农业生产和居民的生活便利，属于公共设施范畴，但是在本质上它是增加归统治者占有的地租的工具，从而体现出这种古代公共产品生产的阶级性质。

三、现代资本主义与公共产品生产

（一）社会保障品

公共产品的生产是一个现代范畴。对公共产品的需要，来自资本主义市场经济的内在矛盾。市场经济立足于一个个厂商，面向市场的"私人产品"生产与交换，它是实行有购买力的"私人的需要"导向的生产组织形式。由于资本主义市场经济体制存在着财产占有和收入分配中的重大判别，造成弱势群体与低收入者的购买力匮乏和他们的基本需要——对生活必需品，以及教育、医疗、文化精神产品的消费——难以获得满足，因而建立和发展社会保障事业，为穷人无偿或低价提供多样社会保障品，缓解社会矛盾，保证社会稳定，就成为维护资本主义市场经济的一项重大"公共需要"。早期资本主义政府不承担救助贫困与失业的"公共职能"，更不承担为公众，特别是劳工阶级提供教育、医卫等公共服务的职能。一心一意从事于原始积累的资产阶级，否认和无视劳工阶级的基本生活权利，把劳动力市场机制下工人获得极其微薄的工资收入和他们的极其低下恶劣的生活状况视为是"自然的铁律",而崇奉自由放任,反对政府干预的斯密的经济学,更成为早期资本主义阶段竞争性私人产品经济在物质生产、服务生产、文化精神生产等领域内自由扩张而政府在公共服务提供上无所作为——即发展单一的竞争性私人经济的理论依据。只是在20世纪30年代,资本主义经济大萧条和社会政治动荡加剧的严峻形势下,罗斯福推行新政,政府为增加就业,社会保障品的生产,就开始被纳入市场经济体制之中,而在二战后,在发达国家社会保障品的生产与提供的规模又有进一步的扩大。

(二)公共卫生产品(服务)

防治各种疾病,特别是防治传染病,不只是个人的需要,而且是一项用来维护社会正常秩序的公共需要和"公共事务",特别是在当代,艾滋病、流感、小儿麻痹,以及其他流行病,不断给人类带来严重威胁,另一方面,众多群众又因贫困而无力治病,不仅他本人陷于病痛,而且还造成疾病传染。重大流行病已成为突出的公共问题。因此,公益性的公共卫生产品与服务的生产与提供,就成为一项当代政府的重要职能。

(三)带有公益性的公共用品

现代化的发展,使生产和生活日益社会化,其表现是:生产与生活资料的社会化,和由此决定的人们在生产与生活中的交往和依存的增大。特别是当代的城市化把数百万、上千万人密集聚居于同一地域,他们的日常生活密切依靠庞大的公共设施——交通、水、电、煤气等——,上述公共设施我们称之为公用品,它的完善状况,关系着城市正常的生产、贸易、市政活动以及这个地区人们的正常的公共生活。上述公用品的价格则关系着公众，特别是弱势群体和低收入者的生活负担。而以上两个方面的问题都会导致"公共"问题或事件的发生。为了为公众提供便利，特别是在实行福利政策的地方，人们不仅要对上述公用品实行完善的治理，而且赋予上述公用品以部分福利品性质，采取低费提供。例如地铁、其他城市公交，实行低票价，对老人免票，还需要有方便残疾人设施。由政府主导和补贴的这种带有公益性的公用产品的发展，成为当代各国的新趋势。

（四）社会安全产品

维护国内生活安全的各项产品。如维护食品安全以及交通安全的设施和服务等，属于公共产品；维护社会治安，在阶级社会社会治安则带有政治性质，但它也关系着公众利益，也属于带有不同政治属性的公共产品。

"国防"或国家安全品，在那些垄断资本全球利益而实行军事霸权主义的大国，体现的是大资本贪婪的私人利益，它不可能是真正意义上的社会公共产品。

（五）环保、生态公共产品

20世纪70、80年代以来，在过度耗用资源环境的工业化、现代化生产方式与生活方式，造成人与自然的矛盾发展的背景下，在环保运动兴起的条件下，实行各种维护环境生态的措施——包括污染江河治理、植树造林和节能、减少二氧化碳排放和推进清洁新能源的开发和使用。上述政府与公众从事的环保公共服务和公共设施的建设，我们称之为环保社会产品，它是公共产品的重要内容，在环境、生态、资源问题日益突出，人类生存的自然物质条件不断恶化：气候恶变，气温上升，干旱、洪水、海啸、地震等自然灾害频频发生的当代，以政府为主导，搞好环保生态公共产品，已成为人们的共识，尽管各国对此项公共事务的实际作为大小上有所不同，如2009年希腊就曾经发生城市垃圾堆积成灾的"垃圾危机"。

综上所述，当今世界的现代化，使生产、生活越发社会化，人们面对着一个人际关系更加复杂，人们的相互依存高度发展的现代社会，从而产生了更加多样的社会公共需求。如果说，早期资本主义时代政府在自由放任理念下，无视市场经济固有的社会公共需求，推行单一的竞争性私人产品生产模式，那么，在20世纪中期，世界的经济与政治条件，已经强使当政者承认社会公共需求的客观存在，并且通过社会福利体系的构建，把为满足社会公共需求的公共产品生产，纳入现行的私人产品生产体系之中。

四、社会主义与公共产品的生产

（一）为弱势群体和低收入者提供生活保障的需要

社会主义以满足人民群众不断增长的物质与文化需要为生产的目的。社会主义市场经济，以其强劲的竞争经济的活力和市场导向的生产功能，能生产出又多又好的商品财富，来满足人们多种多样的生活需要。但是市场只承认有支付能力的需求，而对于无支付能力的需求的满足是失灵的。在市场经济体制下，为了保障缺乏或丧失劳动能力的弱势群体的生计，以及为了维护众多低收入者的基本生活需求，在大力发展竞争性私人物品生产的同时，努力搞好非市场决定性的公共产品生产和分配，形成市场性与非市场性产品双重生产与分配体制和机制，这是市场经济体制下，照顾与保障弱者需求的必由之途。我国经过30年的体制转型，当前在宏观经济层面上，面对着竞争性经济取得飞跃增长，而公共产品发展却大大滞后的失衡态势，有关上学、就医、住房、城市交通以及就业等民生问题日益突出。我国农村人口多，农村经济发展滞后，农村劳动力的素质不高，这就决定了数以亿计的低收入者阶层的长期存在。因而，在坚持发展市场决定性竞争经济的同时，加大力度，发展好多样社会保障品的生产和供应，就成为我国社会主义经济发展迫切的需要。

由于社会保障品的分配，实行是无偿提供和低于价值提供，如失业津贴、廉租房及各种困难补贴以及公共医疗、义务教育等，对于低收入的劳动者来说，意味着对他们市场机制性的低劳动报酬提供了社会补偿，一定程度弥补了劳动力的商品交换机制的缺陷，为市场体制下劳动者及其家庭基本生活需要的满足提供了社会保障。一个发达的和有效的保障弱势群体和低收入者的社会保障品生产与提供制度，也就是意味着在一个劳动力市场交换体制下使劳者所获，更接近其所值，它意味着社会主义分配关系的完善化。

（二）促进基础设施快速发展的需要

基础设施是公用的基本生产手段，强大的高效的基础设施是提升企业竞争力的物质条件。基础设施又是便利人们的个人生活与公共生活的物质条件。因而，关系到民生状况和居民公益。在市场经济体制下，基础设施如交通、航空、铁路、高速公路、港口码头、通信、网络、等等，应该充分发挥市场决定性生产功能，实行社会资本广泛参与。由于许多基础设施带有管网垄断性质，需要有政府干预，作为"公共产品"或准公共产品来生产。在一些发达资本主义国家，实行基础设施私人垄断和使大资本独占利益，而群众也未能获得生活便利。在社会主义条件下基础设施，它不仅仅关系到私的生产利益，也关系到公有企业利益，还关系到人民群众日常交往和生活利益，因而，它具有突出的公益性，特别是宏大的基础设施属于公共产品。发展基础设施对于发展中国家具有特殊的重要性。建设良好的基础设施是兴建产业、发展商贸的前提，是引进资金、技术、知识的经济条件。

在社会主义条件下，把基础设施作为重大公益品来生产，可以发挥政府力量，实现快速、高标准地推进宏大基础设施——如大机场、大港口、高速铁路网等——建设，发挥基础设施促进国民经济发展的功能。在幅员广阔、地区间经济差别大的我国，实行政府主导下基础设施先行，是加快不发达地区发展的必由之路。在大力推进城乡一体化发展振兴农村经济的当前，把路、电、水、气、网等延伸到乡、村，更是推动中西部农村经济全面发展的主力杠杆。

基础设施建设，如交通、电网、信息网络，还与广大群众日常生活密切相关。把宏大基础设施建设及其服务（产品）——如城市地铁、公交系统以及农村电、水、信息网络等——作为社会公益品或准公益品来生产和提供，是有利于改善民生的重大发展战略①。

（三）维护人类赖以生存的自然物质条件的需要

自然物质条件（资源、环境生态），是有生命物质和人类得以产生和生长繁育的母体，是社会生产和生活的物质基础。古典经济学家威廉·配第"土地"是财富之母的著名论断，其于当代世界范围内愈

---

① 北京地铁以其高质量、低价格，为数百万市民提供日常生活便利，它不仅是高效率的公用事业，而且，也体现了鲜明的福利性，从而是公共产品。

演愈烈的环境，与资源危机，应该说，"土地是生存之本"和"发展之源"。而维护生态环境以及节约和维护自然资源，不仅关系着经济的可持续发展，而且关系着人的生存条件的改善和生活质量的提高。由于自然环境以无价值和价格的原自然生产物方式进入生产与消费环节，由此造成市场经济体制下生产与消费主体对无偿的自然物质的随意占有和浪费使用。这种削弱和破坏自然的生产和生活方式不仅给人类带来苦果，而且已经难以为继。

在人与自然的矛盾加深的条件下，当代世界各国的政府开始承担维护环保生态的"公共"职能：如通过资源使用税和碳排放价格等，市场化经济工具和其他行政手段——如禁伐、禁牧、禁渔——来实现节能减排和维护自然生态。在社会主义市场经济条件下，代表全民利益与意志的政府，更要充当社会主体，切实承担维护人类生存之本的功能。我国有13亿人口，人均资源量少，人均土地占有量、人均水资源占有量皆为全球平均1/4，600个城市中有400个缺水。在我国，急剧的工业化与环境、生态、资源的矛盾，成为新时期经济生活中的突出矛盾。我国要走保护资源、维护环境生态的新型工业化道路，政府除了要加强对经济手段的利用而外，还要承担资源勘探与储备，生态林防沙林建设，以及国土、江河整治，南水北调等自然生态基础设施建设职能。上述宏大自然生态基础设施关系着社会主义经济持续发展、人与自然关系相协调，关系到当前人民生活环境改善和生活质量提高和子子孙孙生存条件的优化，因而，它本质上是一项"社会工程"和公益事业，用经济学语言来讲，它属于公共产品的生产。

（四）对促进社会进步的文化科技公共产品的需要

当代发达市场经济条件下科技产品和文化产品转化为商品，实行企业化生产和经营。科技、文化活动属于自由的精神生产，它本质上是不受市场调节的，特别是那些投资大，成果不确定性大，从而风险大的重大的科技开发和文化意识形态构建，作为公共产品，需要依靠政府主导，发挥财政资金作用和动员社会力量来从事。

在社会主义市场经济条件下，一般性科技，特别是应用性科技的创新主体由企业承担，但是战略性、关键性科技开发，特别是前瞻性的基础理论的研究，则是作为公共产品，由政府组织，其成果以公益品形式，向社会开放。在社会主义条件下，花大力气搞好科技性公共产品的生产，才能实现科学、技术跨越式发展和发挥科技的第一生产力作用。

（五）提供满足人民群众精神文化需求的产品

在社会主义市场经济条件下，一部分文化产品生产实行产业化，以商品形式提供。但是有关哲学社会科学以及文化基本理论，应以马克思主义为指导，作为公共产品来提供。文化性社会产品和文化公共设施还包括公共图书馆、博物馆、电视、广播、网络宽带等设施和多种多样公共文化活动等，它们组成文化公共产品生产（服务）体系，发挥着活跃与充实文化生活，提高人民群众的道德和情操，增进社会主义精神文明建设的重要功能。而重视精神文明建设，在提高人的思想素质的基础上，促使微观经济更健康地运行，则是发展社会主义经济的一项要求。

以上我们论述了社会主义市场经济的五项重大社会公共需要：（1）对有困难社会成员提供社会保障的需求；（2）对维持共同体生产与生活的基础设施的需求；（3）发展社会赖以生存的自然物质基础的需求；（4）发展用来提升物质生产力的社会科技基础的需求；

（5）发展用来发展精神文明增进人的文化品级和素质的需求。

上述需求，体现了市场经济健康运行的需要，也体现了社会主义制度的要求，从而体现了社会整体需要。社会主义新市场体制，以其发达的、多类别的公共产品生产和提供机制，保证了上述多方面的社会整体需要的满足。

这也表明：发达的公共产品生产的存在，成为社会主义市场经济体制的一项特征，它意味着：新的社会主义市场经济体制，不仅以全面发展的市场决定性的竞争性的生产，来满足人民多方面的私人微观需要，而且以发展非市场决定性的公共产品生产，来满足体现社会主义本质和先进社会形态发展要求的多方面的社会整体需要。

五、公共产品生产与竞争性商品生产的互补互促

市场竞争性决定的私人物品生产和非市场决定性的公共产品生产，是相互依存、相互促进、互为条件的。一方面，市场决定性的竞争经济，是市场经济的基础，它的发展和积累——体现在财政收入的增长中——成为社会产品发展的财力依赖。而当代一些发达国家的高福利经济，正是立足于发达的竞争经济及其高人均GDP水平之上。实行福利国家的北欧，人均GDP均在3万美元左右。[①]这一点表明：要形成发达的公共产品生产，必须首先要有发达的、高效率的竞争经济。另一方面，竞争性私人经济，离不开公共产品生产或"公共经济"的支撑。（1）公共产品生产中最重要的组成部分，是福利品生产，它以其国民收入再分配机制，弥补普通劳动收入，起着经济利益调节器和社

---

① 托马斯：《福利国家的比较政治经济学》，重庆出版社，2003年。

会稳定器功能，它成为支撑和维系劳动力市场交换体制的社会杠杆。（2）在现代化大生产，特别是在高技术经济中，公共基础设施——包括交通、通信、信息网络等设施，以及其他重大公共科技设施及其开发出的公共科技知识——为企业提供的高效、低价甚至无偿的生产服务，成为技术进步和劳动生产率提高的重要因素。（3）用于公共产品生产的公共支出，是现代市场经济总需求的重要组成部分，其中用于生产性公共产品的支出，对资本品的生产起着拉动作用，用于福利性公共产品的支出，则对消费品的生产起着拉动作用。可见，用于适当领域和恰当数量的公共产品生产与提供，意味着新的需求要素的引进，起着弥补市场性经济运行中内生需求不足和拉动增长的功能，而公共产品的生产，也就成为重要的宏观经济调节器和用来应对市场经济运行波动的有效手段。

由于公共产品生产与竞争性经济存在着互补互促的功能，西方发达资本主义国家也是借助将公共产品生产引入——即社会福利政策的实施——市场经济体制之中，使资本主义经济内在矛盾有所缓和。而在我国新时期的社会主义市场经济体制构建中，着眼于创建起一个以竞争经济为基础，同时有发达的和适当的公共产品生产的体制结构，着眼于充分发挥两种生产机制的互促、互补，就是十分必要的。

小 结

以上的论述可以归结如下：

第一，在当代市场性社会公共需求——对保障（福利）产品、公用产品、安全产品、生态产品、科技文化产品——不仅是社会现实的需求，而且是十分紧迫的需求。公共需求是社会整体的需求，体现了公共利益。为满足公共需求需要由代表社会的主体——政府，发挥公共治理职能，调动社会力量，构建起适当的机制，组织好公共产品（服务）的生产与分配体系，也就是说：当代市场性社会要求建立起公共产品生产与私人产品生产相并举的现代市场经济体系。早期资本主义经济是纵容私人的需求和无视公共需求的市场经济体系。如果说，20世纪30年代的世界经济危机，开启了资本主义国家发展公共产品生产的时代，而1979、1980年撒切尔与里根奉行新自由主义，则削弱政府的公共经济和社会职能。阿尔玛蒂森说："世界已经果断地朝着毫不迟疑地崇拜私人企业的方向以及朝着赞扬与提倡对市场机制的依赖的方向前进着。"①

那么，2008年以来的世界金融、经济危机发展中，则出现了强化、发展政府公共职能和公共产品生产的强劲趋势，它标志着时代车轮的向左摆动。

第二，在社会主义市场经济条件下，市场性的"私的需求"，是主体需求的基本形式，但是公共需求仍然是主体需求的重要形式，这就要求人们在大力发展充分竞争性的私人产品生产与交换时，还要重视发展和搞好公共产品的生产和分配。在社会主义条件下，使上述两种产品生产体系和机制互相结合互相促进，能起到促进财富丰裕，分配公正，以及生态建设、精神文明发展的效果，它意味着一种使社会全面的需要的获得满足和经济社会获得全面发展的新的经济、社会运行势态的形成。

第三，我国现阶段改革，一方面要大力推进国民在微观层面上要经济的市场化，建立起市场需求导向的有充分活力的竞争经济，另一

---

① 阿尔玛蒂森：《饥饿与公共行为》，社会科学文献出版社，2006年，第265页。

方面，要建立政府主导的公共产品生产体系。为了形成全面的竞争经济，要求搞好政府职能转换，改变政府对企业活动的干预，切实实现政企分开和企业自主经营。要实行由政府大包大揽向服务型的转换，但政府职能转换，并不意味着实行政府职能全面退出经济、社会领域，将一切公共需求的满足推给市场。恰恰相反，政府要承担好公共产品的生产和分配的职能，实现尽责、高效的"公共治理"。

第四，当代世界各国在应对经济危机中，使"公共治理"职能加强了，另一方面我国新时期社会主义全面的建设，更把组织多样的公共产品生产和更好地满足社会"公共需求"的新任务赋予各级政府。可以说：我们正面对着传统政府模式改革和政府的"社会公共职能"强化、优化的时期。为了搞好社会主义条件下的公共产品（服务）的生产和分配，我们需弄清一系列重大理论问题：如什么是市场经济中的"私的需求"与"公共需求"及二者之间的关系，社会主义市场经济中的公共需求的性质与公共产品的结构（福利品、公用品、公益品），公共产品生产中的效率性与公正性，公共产品生产中有效利用市场力量的途径，公共品生产的责任主体（政府、企业、社团、公民），作为主要责任主体的政府的"公共职能方式"，公共产品的有效生产、分配与政府改革和职能转换，等等。以马克思经济学说为指导，深入总结我国实践中的可贵经验，立足于市场经济体制的公共需求理论和公共产品生产、分配理论的研究就是一项十分重要的工作。

社会主义市场经济与公共需求①

一、满足公共需求是公共产品生产的目的

市场经济是一种由市场，或有购买力的私人需求启动和调节的经济组织形式。厂商生产什么和生产多少，决定于微观主体在市场上购买什么和购买多少。但是人们不能把市场经济理解为，只是单一地由市场机制调节的生产与分配形式，即"纯市场调节的经济"。如以产品性质与生产机制作为划分标尺，现代市场经济可以区分为两个组成部分：首先，是由私人有购买力的需求拉动的竞争性商品或私人产品生产与分配体系，或称为私人产品生产与分配体系；其次，是由公共需求启动的公共产品生产与分配体系。前者是竞争性的经济，它是市场经济的主体和基础；后者是立足于社会需要或公共需求的公共经济，它起着弥补竞争经济失效（default）的功能。以上两种生产与分配的机制的互相依存、互相交错和互相促进，共同形成了现代市场经济的运行机制。

---

① 此文系作者未发表文章节选，写于2009年。

我们把公共产品规定为：以满足公共需求为目的，以集体为主要提供主体，以非市场决定方式来组织的生产和分配。基于上述定义，公共品生产的特征是：（1）满足公共需求，它是公共产品生产的目的和动因。私人产品生产的直接动因，是为了满足那些有购买力的市场主体——生产消费者和生活消费者——的需求，公共产品生产的目的则是满足一切社会成员——包括缺乏购买力的弱势群体和低收入者——的需求和社会共同体的其他公共需求。（2）实行集体决定。要能满足公共需求，就必须以集体——最主要是政府——为主体，依靠财政力量和动员公共资源，有规划地组织生产和实行有目的的分配，包括一定程度的按对象需要进行分配。公共产品生产中也要利用市场力量，但这只是作为实现某种社会目标的手段。因而公共产品生产本质是一种非市场决定式的生产与分配方式。私人产品生产是竞争性商品生产；其产品是有交换价值的商品，其生产主体是一个个独立生产者；其生产方式是由市场价格信号，启动市场主体自行决策，自主生产，自由竞争，优胜劣汰，也就是生产活动由市场机制调节，是一种市场决定性的生产和市场性分配方式。（3）体现公共利益。进行公共产品生产，是以满足"公共需要"为直接目标，是一种公益性经济，它和通过市场交换和价格机制获取私人或企业经济效益的私人经济有根本的不同。

以上分析表明，满足公共需求，体现公共利益，是公共产品的本质特征，简单地说，公益性是公共产品生产区别于私人产品生产之所在。

二、历史上的公共产品

人是社会的人，人生活与生存于社会共同体之中。人的第一社会生活是经济生活，即谋取个人及其家庭成员生活需要的劳动及消费活动，生儿育女即人的再生产活动。人的社会生活还包括人际交往和互助活动、群体文化活动、维护社会安全活动、社会政治活动，等等。上述这些活动属于公共活动，产生于人的公共活动中的各种现实的需要，构成社会公共需求。

可见，我们可以把社会人的生活和生存方式分为两个层面：有个人及其家庭生活需要满足层面和社会公共需求的满足的层面。马克思说："在任何社会生产……中，总是能区分出劳动的两个部分，一个部分的产品直接由生产者及其家庭用于个人的消费，另一个部分即始终是剩余劳动的那个部分的产品，总是用来满足一般的社会需要"[①]。马克思在分析古代印度公社中的社会结构时说，在那里，除了共同从事的农业和一个个家庭从事的副业生产而外，还存在：（1）从事政法、宗教事务的人员；（2）如管水员、教员、管理历法与农时的占星家、诗人，等等，性质上属于保证社会共同需求和公共产品满足的公共服务的提供者或公共产品的生产者。基于此，我们把他们视为是一种原始的公共品生产者。

我们把公共需求和公共产品作为一般范畴，但是应该看到在不同的社会形态和社会经济组织方式下，"公共需求和公共产品"在内涵和社会规定性上均是不相同的。而在阶级社会中的公共需求和公共产品，总是体现出特定的社会、阶级性[②]。马克思对东方古代和中世纪社会中，国家在水利设施以及农业上的公共职能进行了精深的分析，他指出亚细亚古代东方社会有三大部门：用于战争和保障安全的军事部

---

① 《马克思恩格斯全集》第25卷，人民出版社，1974年，第992页。
② 《马克思恩格斯全集》第23卷，人民出版社，1972年，第396页。

门，用于征取税收（地租）的税务部门，以及用于支撑农业发展的水利灌溉部门。前二者属于执行专政和剥削的机构，第三个部门水利设施建设，由于它涉及广大小农户的农业生产和居民的生活便利，属于公共设施范畴，但是在本质上它是统治者榨取地租的工具，也就是说古代和中古公共产品生产体现了古代、中古阶级对抗的性质。马克思说："在专制级剥削的国家中，政府的监督劳动和全面干涉包括两个方面：既包括执行由一切社会的性质产生的各种公共事务，又包括由政府同人民大众相对立而产生的各种特殊职能。"①

三、资本主义的私人产品生产模式到公共产品生产的引进

私人产品与公共产品是现代微观经济学中的一对范畴，是基于市场主体经济运行特点而制定的概念。私人产品是指：由个人（私人、企业）有购买力的需求，即私人需求启动，受市场机制调节，从属于利润最大化的生产形式，也称为市场决定生产形式，这种经济模式体现了资产阶级的利益。在西方工业化、现代化近300年的历史发展中，资产阶级在对私人利益的无厌追求下把工业、农业、服务业，以及医疗、教育、精神生产等领域都纳入盈利最大化的私人产品生产框架之中，创造出一个全面的，几乎是单一的私人产品生产模式。

亚当·斯密，作为资本主义生产方式的捍卫者，他将立足于个人自利心的生产与市场交换，也就是"私人产品生产与交换"作为实现国民财富创造和普遍富裕的根本之途。斯密宣称实行自由放任、听任市场，即"看不见的手"起调节作用，就能使社会多种多样需求——

---

① 《马克思恩格斯全集》第25卷，人民出版社，1974年，第423页。

包括劳动大众的需求——获得满足，尽管斯密也提到在基础设施建设
和教育提供等方面的政府职能，但他只赋予政府"守夜人"的微薄功
能。斯密构筑的古典经济学理论体系中缺乏公共需求的论述和公共产
品生产的篇章，他的私人利益，需求→最大国民财富的理论，体现的
是资本主义自由放任初生时期的资产阶级意识形态。而求得发展公共
产品的生产是一个现代范畴。

公共产品包括众多品类，大体说，它包括公用品（集体消费品）
和公益品（福利品）两类。经济假说存在一个完全的竞争公用品（集
体消费品），是生产商品和生产从属于市场需求的经济。只要出现购
物者，即有购买力的需求，就会有对应于这一需求的产品被生产出
来，而且，充分竞争经济中的市场机制，不仅会使各种产品适销对路
而且会使分散的私人产品生产劳动保持在社会必要劳动标杆上，形成
一种价格与价值相一致，供给与需求相一致的经济均衡，但是现实的
市场经济中并不能存在这种完全竞争经济模式。（1）一些产品由于
其自然物质性能的特征，具有集体消费性质或效果外溢性，购买者不
能实行排他的占有。在交易中往往出现"搭便车"消费，当然也可以
使用技术工具或方法来治理搭便车，但其成本太高，得不偿失，这种
情况下生产者因受到经济损失，失去积极性，从而会出现产品供给不
足。城市"街心绿地"、海港的灯塔，便是这种的"集体消费性产
品"，而对这类产品的生产与充分供给是"市场失灵"的，如公共绿
地、公共休闲场所等。需要有政府的规制、补贴或直接生产的职能。
（2）一些集体消费性的产品，具有自然垄断的特征，像城市水、电、
气等产业，其管道网络系统难以重复建设，准入投资商由此具有垄断
地位和权力。为制止垄断经营带来的涨价和低服务质量，需要政府介
入，进行规划、投资、规制以保证供给充分、价格合理和服务周到。

宏大集体消费品（社会基础设施）。即使是分散的个人生产和生活也需要有供人们共同使用、消费的基础产品和设施。如像独立的农户进行分散的农业生产需要有共同使用的水利设施；商贸活动的发展，要求有公路与公共航道；人口集聚的现代城市，需要有交通、水、电、气、网等基础设施。在经济现代化、科技化、生态化发展的当代城市，由于人口高度密集，不少基本公共设施的消费者达数百万，上千万人，这就决定城市基础设施规模十分巨大，它表现为公共交通体系、电力体系、网络体系、公共场所体系，等等，我们将它们称为宏大公共产品（公用品）（公园、街心绿地、行人座椅、饮水器、公厕、垃圾箱）。上述公共品的供给状况关系着城市正常的生产、商贸、市政活动以及其他公共生活。

宏大公共品提供是一个宏大使用价值，有数十百万人参与其中的大规模集体消费，它使广大消费者群体获得生活便利。公共交通体系——包括地铁、轻轨、公共汽车，以及干道和公交指标体系——的完善和顺利运行，关系着职工上班、家庭主妇去商店购物、企业原材料和产品的运输，关系着一个城市、地区的生产和居民生活。人们看到重大交通事故，带来巨大损失，甚至造成经济社会活动的瘫痪和"公共生活"危机。

公共交通的价格则关系着公共利益，特别是弱势群体和低收入者的生活质量。当代各国政府在完善公共治理中，实行低费供给。例如地铁、其他城市公交实行低票价，对老人免票，还增设方便残疾人的设施。实质上赋予公用品以部分公益品性质。由政府主导和支持的带有公益性的公用产品生产的发展，成为当代世界的共同趋势。

公益品（福利品）对公共产品的界定，需要采取制度的、宏观的分析方法。按照这一方法，我们认为：公共产品的本质特征是满足公众、公共需求，特别是满足各种大社会需求。

资本主义经济中存在着多样不可回避，需要认真面对和加以满足的公共需求，它们是各类现代公共产品和公共服务产生的原因。如治疗、预防措施，有效新药的研发等等，显然，对这一医卫产品和服务大系统的有效的生产，是市场失灵的，而需要由医卫部门，以公共产品方式来提供。在当代，在城市化引起的居民集中，贫困化引起的贫穷的恶劣生活条件、环境的污染与频繁的自然灾害：上述等因素造成各种传染病——如"非典"、禽流感——的流行；此外，畸形文化污染下形成不良的生活消费方式，如吸毒、同性恋，由此带来危及人类社会的艾滋病的肆虐。可见，对多种传染病的防治，关系到社会公共利益，成为当代社会的一项重要公共需求。

在现代社会，人的物质生活，以及精神生活具有相互关联性，由此，使人的某些个人需求相互重叠，出现A的个人需求，也是B的个人需求……甚至是"社会"一切成员的个人需求的状况，对传染病进行救治，就属于上述情况。对传染病人的及时送医院和进行治疗，不只是染病人个人的需求，而且还与其邻居、社区，甚至整个城市居民的生活利益相关，因而是一项公共需求，对传染病的科学救治，除临床医疗外，还包括居住环境消毒，甚至隔离，以及控制疾病源头。

资本主义私人产品生产在本性上是破坏环境、生态的。英国早期资本主义时期，纺织业的发展扫灭了茂盛的国有森林，工厂和铁路的建设，使英伦三岛烟雾滚滚，土地河水大面积污染，资产者对私人财富的追逐，造成了归属于全民的"自然财富和生态环境"的破坏。而资产阶级古典经济学无视自然生态等因素的经济、社会功能，并将它排斥于经济学分析之外。20世纪70、80年代以来，环保运动在世界兴起，实行了各种维护环境生态的措施，如治理污染，植树造林，节能减排，开发和使用清洁能源，等等。上述由政府与公众从事的环保公共服务和公共设施的建设，我们称之为环保生态产品，它是现代公共产品的重要内容。在环境、生态、资源问题日益突出，社会生产和人类生存所赖以的自然物质条件不断恶化的当代，以政府为主导，搞好环保生态公共产品生产，有效维护和优化环境生态品质，已成为各国一项重要的公共需求。

社会福利品或社会保障品，是现代市场经济条件下最重要的公共产品，它以免费提供为特征。社会福利品包括养老金、公费医疗、免费教育、廉租房、失业救济等，用来保障购买力匮乏的弱势群体的基本生活需要，缓解资本主义的阶级矛盾和保持社会稳定。社会福利品的生产和分配，是现代资本主义社会——它大体开始于20世纪30年代，人们称之为"公民社会"——的政治经济形势下的现实需要，是立足于政府职能而获得表现和实现的一项公共需求。

早期资本主义，生产者以及资产阶级政府，唯一关心的是雇佣劳动生产的利润，无视劳动者的贫困和他们的基本生活需求难以满足的状况，当政者一贯否认政府有提供社会保障品和其他公共产品的职责，只是在广大劳工群众为争取自身生存权益而奋起斗争的形势和社会压力下，1830年英国议会通过《救贫法》，规定了向失业和陷于贫困的劳动者提供生活救济。俾斯麦对工人实行社会保险。这些有着众多限制条件的和杯水车薪式的福利措施，可以视为是政府提供社会保障品的经济社会机制的肇始。

把社会福利品（保障品）的提供作为一项正规制度来加以推行，开始于20世纪30年代。在1929~1933年经济危机带来的经济大崩溃和社会大震荡的严峻形势下，美国罗斯福政府推行福利新政，政府承担实施公共工程，刺激增长，增加就业，还提供失业救济以及各种生活福利，由此政府经济职能有了扩大，而社会保障品的生产以及社会公共需求的满足机制，也开始被纳入市场经济体制之中。

二战后，在资本主义基本矛盾和社会政治矛盾十分尖锐的形势下"福利国家"的推行，成为各国共同的趋势，在发达国家社会福利政策与机制进一步制度化，社会保障品的生产与提供的规模进一步扩大，甚至在北欧国家出现了为提供满足居民"从婴儿到坟墓"的多种需求的发达福利品生产。

在当前，知识经济社会已经来临，科学与技术已成为经济增长和社会发展的知识——包括科学理论知识与技术知识，由于其社会传播性和群体共同利用性，它从来是一项"公共品"和社会"一般生产力"。在当代，科技已成为生产力的决定要素，对科技知识与技术发明进行投资，成为提升经济竞争力、国家软实力、居民生活质量的根本之途。一般的科学知识——如自然科学的基本理论——的开发，需要有：（1）庞大的，专业齐全的科技人员的长时期的知识创新和知识积累；（2）包括国内与国际研发机构的"协作"；（3）完善的和先进的科技研发手段。在当前技术革命深入到宏观与微观世界深层的条件下，重大科技基础设施——如粒子加速器，宇宙能探测器——的构建已成为取得科研新突破的必要条件。

科学基础理论和尖端的技术创新，其研发需要的投资大，生产周期长，获得重大成果具有不确定性，许多成果不带来直接经济效益，这一领域的生产是市场失灵的，因而应该发挥政府的职能，采用公共品形式来进行生产和提供。

资本主义的基本矛盾与福利制度的产生①

一、在资本主义制度下劳动生产率提高和增大的社会财富，并不能自发地惠及普通工人大众

在劳动力只是单一表现为商品的资本主义制度下，社会不为工人和贫苦群众提供任何保障，工人阶级唯一地依靠在竞争性市场上出卖劳动力维持生计，工资是劳动者收入的唯一源泉，而在商品劳动力价值决定于再生产劳动力的各种生活资料价值的市场法则下，以及在普通劳动力供应宽松和过剩的压力下，决定了工资水平的"灵活性"，它并不会与劳动生产率相应地发生变化，更不会同步地提高，这意味着劳动生产率提高和增大的社会财富，并不能自发地惠及普通工人大众。

19世纪70年代以来，资本加快积累和重工业加快发展，以电力技术为中心的科技革命，加快了现代大工业的兴起。20世纪20年代以福特汽车为标志的美国流水线大生产加快了经济发展和带来了劳动生产

---

① 此文系作者未发表文章节选，写于2009年。

率的快速提升。马克思逝世（1869）以来，西方主要资本主义国家工业化、现代化带来了财富快速增长，但在资本主义的市场性工资机制下，增大财富只是转化为利润和资本积累，留给工人阶级的是原来的贫困生活的再生产。一方面是富者愈富——绝对地和相对地，另一方面是贫者愈贫，即相对贫困化，这就导致群众性的罢工和革命。1914~1917年的第一次世界大战和1917年苏俄的社会主义革命的发生，一战后欧美的社会主义和工人运动不断高涨，在此形势下就有德日意法西斯主义极右政权的产生。除了社会动乱、战争与革命以外，在剩余产品归资本占有的工资法则下，国内的需求的扩大远远落后于生产能力的增长，经济危机就频频发生，20世纪20年代欧美经济出现长期不景气，而在1929年更出现了世界经济大萧条。以上情况表明：资本主义发展到20世纪的第一个20年，的确是进入了危机"战争"和"革命"的时代。

二、20世纪的资本主义还有一定的自我修补和自我调节的能力

1933年罗斯福提出了发展社会福利和"保护工人生活权利"的"新政"，1935年美国工会通过"社会保障法"，开始实施老年养老金及失业保障等福利制度。二战时，在丘吉尔委托下，威廉贝弗里奇研究了政策，形成了由政府普遍提供社会保障和医卫服务的报告，二战后报告在英国得到实施，其他发达国家纷纷效仿英国，开展社会福利制度建设。北欧的瑞典、挪威、冰岛等国甚至实施了将公民"从摇篮到死亡"的"终身的"需求都纳入"社会福利"照顾范围的"福利资本主义"。即使是80年代以来在撒切尔主义旗帜下，一些国家采取

了削减部分福利开支的做法，但是社会福利制度，已经是西方资本主义基本制度框架中的不可缺少的成分。

西方社会福利措施采取由财政提供资金的"普遍型"及加上个人储蓄的"社会保障型"，保障的内容是：（1）提供养老金；（2）实行公共医疗制度；（3）建立免费的国民教育体系；（4）给失业者以补助；（5）对贫苦者和低收入家庭提供补助；（6）就业补助；（7）青少年、儿童津贴；（8）社会救助；（9）住房安置；（10）公共医疗卫生体系，等等。欧洲国家二战后面对着恢复和重建遭受战争破坏的国民经济的艰巨任务，在政治上，面对着劳动大众改善生活的诉求越加强烈的压力，在思想上则受到社会民主主义的影响，因此，采用了实行福利国家的政策，加大了财政资金的投入和社会福利政策的力度。

二战后欧洲劳动力缺乏，特别是干粗活的劳动力，大量亚非劳动力进入欧洲，"外管劳动者"做的是白人劳动力不愿做的、像烟囱清扫工这类繁重劳动，而在市场性工资法则下，他们的报酬很低，特别是住无其所，不少人只能四处流浪，他们的子女没有受教育的机会。"外管劳动者"的引进带来了种群矛盾及多样社会问题，不时出现严重社会骚乱。在这种形势下，1964年2月欧盟提出"外管劳动者"享受公共政策和公共卫生的方针，此后，还将外管流动工人及其家庭的住房纳入福利计划。

二战后美国也增大了用于社会福利的财政开支。

三、社会福利制度的功能

第一，市场性工资法则下，对弱势群体的工资所得差距提供"社会补偿"。马克思指出：市场性的工资法则下，被资本雇用的广大普通工人群众获得的工资，是劳动力的再生产费用，这种费用低于劳动所创造的产品的价值，也就是v=（v+m）-m。市场性的工资收入分配机制将剩余价值或剩余产品归资本所有而工人则失去他创造的这部分劳动成果。这就是资本主义制度下劳动者工资收入机制所带有的剥削性的劳动价值丧失和所得不足income GAP。

在一个社会共同体中，任何个人也不是完全占有自己的劳动成果，而是要将剩余劳动品的一部分上交公共基金，用于发展基础设施和各种公共品，满足社会公共需要和维护社会共同体的发展。但是资本主义制度下，在国民收入初分配中，即工资性收入机制下，雇佣劳动创造的剩余产品却在利润形式下归私人资本占有。这部分资本家收入用于资本家的消费和资本积累而不会自动转化为公共基金。可见，在资本主义制度下，市场性工资分配机制一方面产生劳者穷（所）得，另一方面产生资（本家）者多得。这是资本主义雇佣劳动下市场性工资分配的内在矛盾，资本主义的社会贫富差别，经济内需不足，消费豪奢靡腐都产生于这一分配方式的内在矛盾。

社会福利制度实质上是一场国民收入再分配，对于工资劳动者来说，养老金、医疗保险、失业津贴，以及义务教育等社会福利的获得，无异于他们获得了一份"社会工资"，用来补偿市场性工资分配中存在的"劳动价值扣除"和"所得差距"。西方福利学说只是宣称社会福利实现的收入再分配体现了纳税人的"慈善"和富人对工人的"关怀"和"慷慨"，但还应该指出：广大生产劳动者总体来说，获

得社会福利只不过是将他们在生产劳动中创造的剩余价值的一部分①
进行偿还。如人们所说：羊毛还是出在羊身上。尽管是如此，但是就
市场经济社会而言，产生了市场性工资分配和政府公共品分配二重
机制，就劳动者而言，他有了双重收入来源，工资性收入和福利性收
入，这种情况，意味着有利于普通劳动者的收入分配关系的调整。

1966~1975年世界主要资本主义国家福利占GDP比重

	1966年	1975年	1993年
加拿大	11.2	20.1	
法国	14.4	20.3	
德国	17.1	29.8	
意大利	13.7	20.6	
日本	7.6	13.7	
英国	12.4	19.6	
美国	9.9	18.7	

（吴老德《正义与福利国家概论》第180页）

20世纪80年代初，55岁以上老年人收入来自公共养老金百分
比：德国54.14%，荷兰41.84%，美国41.69%，瑞士34.71%，加拿大
32.63%。75岁以上老人瑞典85%，德国75%，英国54%，美国、加拿
大、瑞士45%。

劳动者通过财政的转移支付和公共品的分配，增大了原社会财富
的享有，获得生活的改善，可见，社会福利的引进，它适当缓解了资

① 社会福利的资金来源，纳税者上缴是政府的公共财政收入，资本家的税金上缴额只是劳动产
品价值的一部分，即企业毛收入的税金扣出，它只是减少了企业利润。

本主义的劳资对立。

第二，社会福利体系的建立，使不菲的福利开支——发达国家往往占GDP20%——成为一项衡常的政府支出，这意味着强劲的公共需求的创造，后者是弥补凯恩斯阐述的资本主义有效需求不足的有力杠杆，并成为西方国家用来反危机和刺激经济增长的手段。二战后西方发达国家，长期生产能力过剩，但较长时期获得了波幅较小的经济增长[①]。其主要因素在于政府大规模支出缓解了内需的不足，可见，社会福利和政府福利公共支出，成为资本主义再生产的稳定器和外生增长的拉动力。

20世纪30年代开始和得到推广的社会福利制度，使陷入深重危机的资本主义获得了"外生的"体制支撑，它以其对工人提供的生活保障和"救贫"功能在一定程度上缓解了西方国家剧烈的阶级对抗，而福利凯恩斯主义的刺激措施也收到了一定的拉动经济与增加就业的功效。特别是在高涨的工人运动的压力下和社会思潮与舆论的变化下，对就业以及劳动者基本生活的保障被规定为体现现代公民社会"公平""正义"的"人权"被写入宪法。这也为广大群众争取完善的"工资"制度和发展社会福利，提供了一重政策依据。可见，由传统的自由竞争的资本主义，向市场自由竞争——国家福利的资本主义——的转型，就成为西方国家发展的大趋势。西欧社会民主党，曾经提出争取社会福利，作为其社会改良主义的一项内容。

马克思主义者把"现代福利国家政策"，视为是20世纪西方国家阶级斗争空前激化条件下的产物，是资本主义国家用来"购买"政治安定的，维护资本主义的一种开支。现代发达的福利制度，它包括的

---

① 1973年石油危机发生30年后，2008年发生严重的金融危机。

社会保障体制（失业、养老、伤残、救助）与公共服务体制（公医、教育、文化、科技）、立足于财政的大规模"转移支付"，以及现代慈善机制的转移，体现了有利于劳动者的收入分配关系的调整和公民权利的伸张。

因而，马克思主义者支持这项社会体制创新，并将它作为推动资本主义变革的一项契机。

四、从自由放任的资本主义到福利支撑

欧美资本主义从16世纪的工场手工业，经历工厂制度，到20世纪现代大工业，经历了三百年自由放任的发展时期，这一初始的基本资本主义制度表现为私有制＋自由放任的市场经济，而劳动力商品化和市场竞争性的工资制度，成为维系资本主义经济的基本内核。

在这里，生产资料的私有制是贫苦劳动大众劳动力商品化和他们的劳动收入采取工资形式的根源。

在资本主义制度下工资是劳动力的再生产费用，后者低于生产品中劳动所创造的价值，后者扣除工资的余额把利润形式归资产者占有。在资本主义商品生产物中工资与利润是相互对立，此长彼消的，为了追求利润最大化，资本总是要压低工资水平，在资本主义劳动市场上一直进行着资方压低工资（包括实际工资，与劳动生活条件）和劳方维护其收入权利的斗争，这一市场供求的竞争使工资均衡于一个社会历史现实规定的通常仅能维持人的生存的劳动力再生产费用；资本主义制度下，资本表现为强大的经济、政治力量而贫苦大众表现为弱势群体，特别是在劳动力过剩的历史发展阶段。

市场性工资决定机制就会将工资压得极其低下，甚至是个人及家

庭成员温饱难保的水平。世界各国工业化过程中都出现过对童工、女工的"血汗"工资制度，就是这一市场"工资铁则"的典型表现。马克思《资本论》中阐述的有关工人阶级绝对贫困化的理论，就是对资本为追求利润最大化而将工资压低到"生存费用"的内在趋势的深刻阐明，也是对自由放任的资本主义的现实状况的客观揭示。

"自由放任"政策的实质是对广大劳动者屈从于劳动力再生产费用的制度的"放手不管"，也就是在把市场视为天经地义的经济学教义下，听任市场性工资决定劳动者及其家庭的贫困，无视社会贫富对立和分配不公，"众贫寡富"带来的内需不足。这种古典自由主义政策的结果必然是周期性的经济危机，劳资关系的对抗化和社会动乱，19世纪英法发生的严重的工人革命运动就是由此发生的。

1929~1933年的世界性经济大萧条显示了自由放任资本主义的多种科学调整，而富兰克林·罗斯福提出的"新政"，则采取了实行福利制度，给劳动者以"社会保障"；实行国家财政、金融政策以刺激消费与投资，由此开始了国家调节的资本主义取代自由放任的资本主义。

借助福利制度的"减压器"——缓解阶级矛盾——功能，以及刺激内需、促进增长的功能，发达资本主义获得了"外生的"动力，从而有了此后数十年相对的稳定的增长。

五、福利国家的分配机制及其矛盾

西方国家是在资本主义制度地基上引进社会福利体系的。在从属于资本的经济、政治、文化的社会——西欧学者称之为"市场社会"，不推进全面的社会革新，而只是单一地引进社会福利措施，它在发挥收取适当费用提高民生的功能的同时，也带来了众多的矛盾。

第一，福利制度的推行。在一些地方也出现"福利依赖"，使人变懒，带来经济竞争活力下降，甚至使增长放慢。西欧的德国、法国90年代以来增长率难以改变，一定程度与福利依赖有关。

第二，财政负担重，赤字增长。普惠的福利，造成庞大财政支出和难以控制的赤字增长，从而使经济难以持续。在上述困境下，20世纪80年代以来西方开始了一轮对福利政策的调整。1979年，撒切尔重新强调经济自由主义和减缩了社会保障的范围，1980年里根强调市场自我调整。特别是2008年的世界金融经济危机，以及此后众多西方国家的政府债务危机大背景下，压缩福利开支，更成为西方国家政策的取向。尽管在当前，在西方国家实施多年的社会福利制度已成为社会制度的组成部分，但是不少国家社会福利保障的范围程度却是在"削弱"中，它表明了西方国家"福利分配"的不稳定性。

劳动力的商品交换机制与政府的财政转移支付机制相结合。资本主义经济运行机制的核心是在生产资料私有制基础上实行劳动力商品交换制度。

由于工人阶级不占有生产资料，他们表现为在市场上劳动力的出卖者，这就是政治经济学所揭示的劳动力的商品化，劳动力商品的价值是决定于再生产劳动力所必要的社会必要劳动时间，或者说决定于劳动力的再生产费用。

而劳动力在使用中则会创造出超过劳动力价值的剩余价值，后者则归资本占有。可见，劳动力的商品化和劳动力遵循的价值规律的市场交换关系，生成了资本占有劳动产品价值中剩余价值部分，而工人只占有必要劳动价值部分的分配关系。这一分配关系是劳者不获、获者不劳的鲜明体现，表现出资本主义基本制度在伦理上的"非公平""非正义"性，它以此为一切社会主义者和正义人类所批判——劳动者大众对生产价值成果的占有不足和缺乏购买力、消费力成为资本主义生产过剩和有效需求不足的"根源"，成为生产能力不断扩大和有限的社会消费这一资本主义基本矛盾产生和周期性经济危机不断发生的内生条件。

西方的社会福利制度与国民收入的再分配。国家实行"普惠"的社会福利制度，每一公民有着获得社会福利品的平等权利，为了保障众多福利项目的开支，从养老金到医卫、教育，特别是"人力资本"立国下劳动力的培训，政府实行高税收，但作为居民中绝大多数的普通劳动者、低收入者与失业者无疑是福利品的受惠者，社会福利制度，以其财政转移支付机制，使劳动者获得了一项"社会工资"，由此实现了一次国民收入的再分配。

我们把政府的社会福利开支的总和，称为社会公共基金。

福利政策的实施，要求扩大和创新财政职能，即形成用来保证福利品及其他公共品支出的社会公共基金，并按照社会公共需求，实行分配、福利制度，使原先的"小财政"，变成了大财政，政府的福利支出在GDP占较大比重，成为现代国家的特征[①]。

为了形成社会公共基金，西方一些发达国家采用高税收，包括：（1）个人所得税；（2）企业所得税，实行累进制征收；（3）资本财产税——对不动产进行征收。

在社会福利制度下，政府将征集的税收，用于福利品（服务）的支出，形成某一些受益者的收入或受物（住房，救济品），这就是

---

① 瑞典所得税，1981~1982年达到职工所入59%，累进税率达27.7%，公司所得税，中央＋地方为57%（70年代），瑞典80年代对拥有资本财产20万克朗收入以上征税。

财政资金的转移支付，它形成了国民收入第二次分配和个人收入的再调整；一些未纳税的人（无劳动能力的和失业的）或税负低的低收入者，从转移支付中获得和增加了收入，而高收入者则从高税负中减少了个人的收入。

税率与转移支付（1987年）

	平均税	转移支付率
荷兰	67.2	28.3
瑞典	45	35.5
挪威	32.5	15.1（1986）
英国	31	24.3
美国	30.6	9.4

——OECD周弘，第173页。

从上表可以看见，欧洲国家将税收50%以上用于转移支付，瑞典转移支付率高达70%~80%，美国转移支付率30%左右。

社会福利来自国民收入再分配。国民收入是某一时段的各种经济主体收入的总和，即 $\varepsilon(v+m)$，在实行失业、工伤、养老等保险由个人、企业、政府共同承担，其中企业要以"组合工资"形式承担一部分社会保障金，因而国民收入中的v，即维持劳动力再生产的费用，分化为工人所得 v^1 与上交的社会保险 v^2，工人上交部分 v^2 和企业上交部分 m^2，国民收入中的剩余产品则表现为 m^1，即业主支配的剩余。m^2 即企业上缴和政府支配的社会剩余，即财政收入。社会公共基金是 $\varepsilon v^2 + \varepsilon m^2$。

m^{2A}——用于社会保障基金：包括失业、救贫、工伤、养老等的费用。

m^{2B}——用于医卫、文教等福利开支。

劳动者的收入是 $\varepsilon v^1 + \varepsilon v^2 + \varepsilon m^{2A} + \varepsilon m^{2B}$。劳动者的收入，除了

劳动工资而外，还包括由社会剩余返还的$v^1+m^{2A}+m^{2B}$，在这里，劳动者除获得了工资收入（v^1+v^2）而外，还通过转移支付，获得了$m^{2A}+m^{2B}$的剩余劳动价值返还。在实行发达社会福利的国家，如瑞典政府支出在20世纪80年代已达GDP的70%，而福利性支出，即m^{2B}则占政府支出的80%，而福利性支出实质是通过转移支付实行剩余产品价值，在主体间的再分配和对剩余产品价值的部分返还。

六、福利政策不能改变资本主义基本制度

但是资本主义制度下，劳动收入的某些增进与劳动者生活的某些改善，"不会消除雇佣工人的从属关系和对他们的剥削"。何况，在实行福利制度80年后的西方世界，贫富差别仍然十分突出，而且还在扩大。经合组织秘书长拉赫曼古利亚说，OECD的分析表明，在整个经合组织区域，占人口总数10%的最富裕人群的平均收入大约是占人口总数10%的最贫困人群的九倍，而这个数字在25年前只有七倍。但是，这其中未能体现出各国的不同情况。北欧国家的这一收入比为6比1，而美国和土耳其则是14比1。这说明不平等现象已大大加剧。另外，占人口总数1%的最富裕的群体在过去20年间的收入之高尤为惊人，在许多国家出现了人口富人占有99%的国民财富的现象。这种情况，点燃了从伦敦到纽约，从特拉维夫到圣地亚哥，从马德里的太阳门广场到开罗的解放广场的抗议活动。